高校体育舞蹈的形体训练理论与实践研究

陈连珍　著

吉林人民出版社

图书在版编目（CIP）数据

高校体育舞蹈的形体训练理论与实践研究 / 陈连珍著. —长春 ：吉林人民出版社，2023.10
ISBN 978-7-206-20714-3

Ⅰ. ①高… Ⅱ. ①陈… Ⅲ. ①体育舞蹈－教学研究－高等学校 Ⅳ. ①G831.32

中国国家版本馆 CIP 数据核字（2023）第 246582 号

高校体育舞蹈的形体训练理论与实践研究
GAOXIAO TIYU WUDAO DE XINGTI XUNLIAN LILUN YU SHIJIAN YANJIU

著　　者：陈连珍
责任编辑：金　鑫
出版发行：吉林人民出版社（长春市人民大街 7548 号　邮政编码：130022）
印　　刷：吉林省海德堡印务有限公司
开　　本：787mm×1092mm　1/16
印　　张：11　　字　　数：145 千字
标准书号：ISBN 978-7-206-20714-3
版　　次：2024 年 4 月第 1 版　　印　　次：2024 年 4 月第 1 次印刷
定　　价：58.00 元

前言

体育舞蹈是一种舞蹈与艺术融为一体的高雅文体活动，它完美地结合了运动美与艺术美，对个体的良好形体、体能素质的发展、心理健康发展以及审美能力、创造和表现美的能力的提高具有重要的促进作用，是高校体育教学的重要内容之一。

体育舞蹈集健身健美、适应性为一体，重视对学生形体、音乐、舞蹈技艺与实际艺术能力以及高雅个人气质的培养与提高，因此，深受高校学生的喜爱，具有广泛的学生基础。为进一步完善高校体育舞蹈教学，提高高校体育舞蹈教学质量与促进高校学生身心、智力及审美的全面发展，特创作了此书。

形体训练是以人体科学理论为基础，运用科学健身的理念和方法，通过徒手或利用各种器械，采用专门的动作方式和方法，以改变人体的原始形态、提高灵活性、增强可塑性为目的的形体素质练习。形体训练可以增强体质、培养优美的体态和体形，在锻炼身体的同时提高审美趣味和艺术修养。现代社会对广大高校学生提出了更高的要求，即适应未来的社会生活和经济活动。要适应日趋紧张的工作和激烈的社会竞争，必须具备强健的体魄、旺盛的精力、健美的形体、丰富的知识和应变各种工作与生存环境的能力。

高校体育舞蹈形体训练教学方法的运用在课程设计和教学实践中发挥着重要的作用。教育者需要始终坚持“全面、循序渐进”的原则，注重理论和实践相结合，灵活运用多种教学方法，以提高学生的身体素质和艺术表现力。同时，教学者也需要不断完善和提高自己的教学能力，以更好地指导学生掌握舞蹈技巧，提高舞蹈水平。

目录

第一章　高校体育舞蹈概述

第一节　体育舞蹈概述与分类

一、体育舞蹈概述

体育舞蹈是竞技体育与艺术表演相结合的舞蹈，是以身体动作舞蹈为基本内容，双人或集体配合，既有娱乐健身作用，又有竞技表演的体育运动。它将艺术、体育、音乐等融为一体，被人们誉为“健”与“美”的典范，是世界通用的“情感语言”。

（一）体育舞蹈的起源

体育舞蹈也称国际标准舞，简称“国标”，它的前身是交际舞。交际舞的起源可以追溯到公元 10 世纪以前，它从古老的民间舞发展演变而成。14 世纪末到 15 世纪初，民间舞逐渐进入意大利贵族的舞会中，成为一种宫廷舞。15 世纪末，宫廷舞蹈又演变成奢华庆典活动的骑士舞（又称布兰尔舞，包括低舞、高舞、链舞）。16 世纪初，在文艺复兴时代，交谊舞的“低舞”派生出“帕凡”“拉伏尔地”等壮观华丽的队列式舞步，并由“布兰尔”舞派生出法国的“库尔特”“布雷”，以及西班牙的“查礼”舞等更为豪华富丽的舞蹈。17 世纪中叶，交谊舞从拘谨、文雅、华丽，趋向于尊贵、活泼、轻快的“小步舞”。18 世纪初，在德国和奥地利民间流行的“兰德勒”舞，后来演化为华尔兹。19 世纪，受法国大革命、工业革命和浪漫主义运动的影响，波尔卡、华尔兹、四方舞等十分流行。到 19 世纪末，融合了波尔卡和华尔兹的狐步舞应运而生。之后，起源于古巴的拉丁舞也逐渐盛行，并很快传到了欧洲各国。

(二) 体育舞蹈的发展

从1920年开始，一直到1924年，英国皇家舞蹈教师协会对当时的交际舞进行了整理，将各种舞的舞步、舞姿、跳法加以系统化和规范化，相继制订规范了布鲁斯、慢华尔兹、慢狐步、快华尔兹、快步、伦巴、探戈等交际舞。

体育舞蹈的发展离不开体育舞蹈组织的管理、组织及推广工作。目前国际上有两个国际体育舞蹈组织：一个是国际体育舞蹈联合会，另一个是世界舞蹈及体育舞蹈理事会。国际体育舞蹈联合会是管理业余体育舞蹈事务和比赛的国际组织，世界舞蹈及体育舞蹈理事会是管理职业体育舞蹈事务和比赛的国际组织。

二、体育舞蹈分类

体育舞蹈按舞蹈的风格和技术结构可分为摩登舞和拉丁舞两大类。按竞赛项目可分为摩登舞、拉丁舞和团体舞。其中摩登舞包括华尔兹、探戈、狐步、快步和维也纳华尔兹；拉丁舞包括桑巴、恰恰恰、伦巴、帕索多不列和伽依夫。团体舞是摩登舞或拉丁舞的混合舞，由8对选手组成，借助音乐的引导，将五种舞蹈在变化莫测的队形变动中编织出丰富多样的图案，它将音乐、舞姿、队形、图案和选手的和谐配合融为一体，达到了完美的统一，使体育舞蹈的风格特点得到了更为鲜明的表现。

第二节　体育舞蹈基本常识

一、体育舞蹈概念及类型分析

(一) 体育舞蹈概念

体育舞蹈是摩登舞、拉丁舞的统称，这两种舞蹈的基本步伐名称、模式、要领都经国际舞蹈运动联合会认定标准，并向全世界发布该标准，所以也称国际标准舞。这两种舞蹈的强度、力度、速度与其他体育运动量等同，所以划入体育运动类，统称为体育舞蹈。体背舞蹈在我国是一项新兴的体育项目，且发展迅速。因此人们对体育舞蹈的认识理解各不相同，关于体育舞蹈的概念也众说纷纭。纵观体育舞蹈的特点，体育舞蹈的概念应该是集体育、舞蹈、音乐为一体，通过舞伴间默契的配合，达到健身、健美和强心目的的一种舞蹈。其内容丰富，变化繁多，不受年龄、性别、场所、器械的限制，可使全身各关节都得到充分的活动，各部位的肌肉得到均衡的发展，塑造出良好的体态，提高人的内在气质。

（二）体育舞蹈类型分析

1. 摩登舞

摩登舞又称“现代舞”，是体育舞蹈的项群之一，特点是由贴身握抱的姿势开始，沿着舞程线逆时针方向绕场行进。步法规范严谨，上体和胯部保持相对稳定挺拔，完成各种前进、后退、横向、旋转、造型等舞步动作。具有端庄典雅的绅士风度。曲调大多抒情优美，旋律感强。服饰雍容华贵，一般男着燕尾服，女着过膝蓬松长裙。

2. 拉丁舞

拉丁舞的特点是舞伴之间可贴身，可分离。各自在固定范围内辐射式地变换方向角度，展现舞姿。步法灵活多变，各舞种通过对胯部及身体摆动不同的技术要求，完成各种舞步，表现各种风格。舞姿妩媚潇洒，婀娜多姿。风格生动活泼，热情奔放。曲调缠绵浪漫，活泼热烈，节奏感强。着装浪漫洒脱，男着上短下长的紧身或宽松装，女着紧身短裙，显露女性曲线的美。

二、体育舞蹈的名词术语

具体来讲，体育舞蹈的名词术语主要包括基本名词、基本术语以及动作术语。

（一）基本名词

1. 舞程向

体育舞蹈规则规定，如果多个体育舞蹈运动员在同一个舞池中进行体育舞蹈的比赛，那么各组运动员应该按照逆时针的方向行进，从而有效防止相互之间发生碰撞。在舞池中，舞者的行进方向也就是舞程向。

2. 舞程线

舞程线指的是沿舞程向方向行进的路线。这是一条设想线，在舞池的四周，与墙壁保持平行。

严格来说，舞程线是一种方向的移动，它会根据情况的不同发生一定的改变，有时也将舞程线称为舞程向。在体育舞蹈比赛中，舞者沿着这个设想的线运行，因此，可以把这条线理解为体育舞者的运动轨迹指向，而舞者在比赛过程中逆向“行驶”是错误的，因为这样就会碰撞到其他的舞者。

3. 舞姿

（1）闭式位舞姿：在舞蹈中，舞伴二人相对，双手扶握对方。

（2）侧行位舞姿：舞蹈中，男舞者右侧身体贴近女舞者左侧身体，二人另外的一侧分别向外展开，组成“V”形站立。

（3）外侧位舞姿：在摩登舞中，男女舞伴的另一方向的右外侧（常见）或者左外侧（较少见）前进所形成的身体位置。

（4）并肩位舞姿：在拉丁舞中，男女面对同一方向肩臂相并的身体位置。

（5）影子位舞姿：指的是男女舞伴互为影子，即二人面向同一方向重叠站立的身体相对位置。

4. 反身动作与反身动作位置

（1）反身动作

在体育舞蹈中，舞者的脚步前进与后退的同时，其相对的一侧的身体跟随脚步向同一个方向移动。具体来讲，在舞蹈过程中，当舞者一侧的脚开始行进（前进或者后退）时，另一侧的身体通过推送的方式使身体与脚形成一种反方向的配合动作，之后通过身体肩部的带动与引导旋转，从而使身体左右进行转动，同时保持身体重心的稳定与平衡。反身动作可以很好地展示舞者身体的线条美，这是一种动态动作，往往会在一瞬间消失。

（2）反身动作位置

反身动作位置指的是舞者运用反身动作的原理，使身体形态相对静止在一定位置上，在身体保持不动的情况下，一脚在身前或者身后形成交叉，从而保证两人身体维持相靠姿势的身体位置，这是个滞留形态动作，舞者两条腿形成一条直线，以展示舞蹈优美的线条与保持男女舞伴身体的接触位置，便于衔接其他动作。

5. 摆荡动作

体育舞蹈的摆荡动作指的是舞者的上升、横向移动过程中身体的摆动动作。

6. 升降动作

体育舞蹈的升降动作指的是舞者身体的上升与下降，这种动作主要是通过身体关节的屈、伸转换实现的。

7. 倾斜动作

体育舞蹈的倾斜动作指的是舞者身体动作的倾斜，主要是通过不同的舞步完成的。通常来讲，舞者身体的倾斜多向左右方向进行，在倾斜动作的完成过程中，整个身体与地面形成三角的斜线。

8. 节奏

体育舞蹈的节奏指的是节拍的反复，具有体育舞蹈音乐特定的性格特色。

9. 组合

在体育舞蹈中，不同舞步（两个或两个以上）之间的结合称为组合。

10. 速度

体育舞蹈中的速度专指体育舞蹈的音乐速度，具体描述为每一分钟的音乐小节数。

11. 套路

体育舞蹈中多个舞步型按一定的逻辑顺序衔接，组成动作套路。

(二) 基本术语

舞蹈术语指的是专门描述和形容舞蹈中所涉及的动作及相关内容的专门用语。除了一些常规的舞蹈术语之外，体育舞蹈中还包含一些特殊的专属术语，下面就对体育舞蹈中的相关术语进行具体分析。

1. 舞蹈方位

方位指的是舞者在舞池中的身体所面对或者背对的方向。当舞者以肩引导（侧行）时，方位不变。当进行拉丁舞动作时，舞者的方位是否正确则非常重要。

在体育舞蹈中，活动目的不同、固定位置不同，方位也不同，主要包括以下三种情况。

第一，在体育舞蹈中，为了更好地理解舞蹈术语中的有关方位，身体方位通常是以学生自身为基点，以面向教师的方向为正前方，称为 1 点，每向右转 45°为一个方向，一共分为八个方向，分别是 1 点、2 点、3 点、4 点、5 点、6 点、7 点、8 点。

第二，在体育舞蹈中，为了更有利于辨别方位与检查旋转的角度，依据国际惯例，通常以乐队演奏台的一面为规定方位的基点，定为 1 点，每向顺时针方向转动 45°角则变动一个方位。依此类推 2，3，4……共包括 8 个点。因此，一个场地中的四个面就是 1，3，5，7 点，四个角就是 2，4，6，8 点。

第三，在非固定位置时，即舞蹈者按舞程线不断变换方位，向前移动，则还需要与舞程线发生联系。因此，国际体育舞蹈的比赛规定了几条线来指示舞蹈者每个舞步的行进方向。

移动中的体育舞蹈身体方位是以男士正对舞程线站立而确定的身体位置，处于其左侧的舞厅部分为中央（并不是指舞厅的中心点），处于其右侧部分为墙。男伴面对的方向上的线叫作舞程线。男伴右前方（右转 45°）以其身体为基准朝壁线倾斜的线叫作壁斜线。男伴右肩（右转 90°）所向的四壁为壁线。男伴左后方（左转 135°）后的方向，与中央逆向倾斜的线为中央斜线。男伴背部方向上的线为逆舞程线。男伴右后方（右转 135°）的方向上的线，朝壁线逆向倾斜，称之为逆壁斜线。男伴左肩方（左转 90°）所向的舞池中央的线为中央线。男伴左前方（左转 45°）后的方向朝中央线倾斜的线为中央斜线。

在体育舞蹈中，只要舞者是沿着舞程向的圆周行进，则无论舞者行进到哪一点，以上的方向与线都适用。

2. 旋转度

旋转度（简称转度）就是以脚的位置为标准，衡量旋转动作中每一步型、每一舞步，甚至每一舞步间的旋转是多少度。

在体育舞蹈中，为了更好地保证舞蹈的严谨性与精确性，一般采取切分圆的方法，用 1/8、3/8 等来表示旋转度。

3. 舞蹈动作

在体育舞蹈中，经过提炼、创作、汇编的具有一定节奏、规律的动作即舞蹈动作。舞蹈动作是体育舞蹈最基本的表现手段，舞蹈动作是构成体育舞蹈的基本单位。

4. 舞蹈组合

所谓舞蹈组合，指的是两个或者多个舞蹈动作被组合起来所形成一组新的动作。组合具体包括最简单的、性质单纯的动作连接，同时也包括最复杂的各种不同性质的动作的组合。

5. 舞蹈语言

舞蹈语言是体育舞蹈思想与情感的一种表现，主要是以舞者动作和表情表现出来，它是从社会生活、人的情绪状态、自然现象中提炼加工而形成的，不仅包括舞者的肢体动作，还包含了舞者的思想情感。

6. 舞蹈语汇

在体育舞蹈中，将若干不同的舞蹈动作汇编在一起，并为表达体育舞蹈的主题服务，这就是体育舞蹈语汇。

7. 舞蹈表情

舞蹈表情是体育舞蹈所有动作的总称，在体育舞蹈中，舞者的任何肢体语言和动作形态都被包含在舞蹈表情之中，是舞者情感通过动作（面部情、手臂传情、身体扭摆、足部移动等）的表现，主要用于表达舞蹈中的人物情绪、情感和心理活动。

8. 舞曲

舞曲是指以舞蹈节奏为基础所编写成的器乐曲或声乐曲，一般分为专供伴舞的和不以伴舞为目的的舞曲。

9. 节拍和节奏

（1）节拍

节拍指音乐中每一个小节的拍数。

（2）节奏

节奏指按照一定的规律反复出现，赋予音乐不同性格的具有特色的节拍。

10. 韵律

韵律指的是在舞蹈动作中人体运用“欲左先右，欲纵先收”的自然规律以及动与静、上与下、高与低、长与短等辩证的规律最终形成的舞蹈动作韵律。

11. 基训

基训指的是舞蹈基本能力（基本动作）的训练。

12. 主力腿和动力腿

（1）主力腿

在舞蹈动作过程中，或者形成动作姿势时，舞者支撑身体重心的一侧腿称为主力腿。

（2）动力腿

相对于主力腿而言，动力腿指的是非重心支撑的一条腿，动力腿与主力腿相互配合从而组成各种动作并保持身体的平衡。

13．起范儿

起范儿是舞蹈的一句俗语，指的是动作之间的准备姿势，动作前的准备姿势也可以称作“起势”。

14．造型

造型是舞蹈的一种有效的表现手段，指的是出现在舞蹈动作流动的瞬间或者舞蹈组合结尾停顿时的动作。

（三）动作术语

具体来讲，体育舞蹈的动作术语主要包括以下几种。

1．舞姿

（1）闭式舞姿

男女站立在相对位置。

（2）开式舞姿

开式舞姿也叫侧行地位 PP（Promenade Positionon，PP 位是摩登舞最为普遍的步子，处于 PP 位时，男士的脚和臀部与女士的脚和臀部的开度是 1/4，然而上半身相互之间肩膀的开度是 1/8，高低半身的开度相差为 1/8，且有三种不同的方法，一个是往右转，一个是往左转，另外一个则是各自转开）位舞姿，男女并列侧行位置。男伴将头转向左侧，女伴将头转向右侧。

2．准线

体育舞蹈的准线指的是舞者双脚及其方向的一种关系线。

3．舞步

（1）舞步：一只脚的一个动作。

（2）基本舞步：表达体育舞蹈的基调的步型，是固定不变的。

（3）舞步型：一套完整的体育舞蹈的舞步组合。

（4）擦步：在体育舞蹈中，在舞者进行开位变化时，其动力脚与主力脚相靠，使身体重心保持不变的舞步。

（5）并步：也叫追步、追并步，指的是舞者双脚并合的舞步。在并步过程中，舞者将一脚向另一脚合并。

（6）实步：舞者承担身体重心的舞步。

（7）虚步：舞者不承担身体重心的舞步。

（8）虚点：用脚掌或者脚跟点地，不支撑身体重心的舞步。

（9）滑步：在第二步双脚并拢的三步组成的舞步。

（10）刷步：运动脚像刷子一样不施重力轻擦地面向重心脚靠近或并合，但是并不形成重心。

（11）锁步：两脚前后交叉，一脚的掌外侧与另一只脚的脚跟外侧相贴。前进与后退的锁步的运动脚分别锁在支撑脚的后面和前面。

（12）追步：第二步双脚并赶的三拍四步的舞步型。

（13）常步：包括前进常步与后退常步两种类型，其中前者是指男士开始时双脚并立，身体的重心落在任何一只脚上，当舞者的身体向前移动时，膝盖稍微弯曲，借助该力量使移动脚离开地面，支撑脚（重心脚）则平伏于地。然后，从胯摆荡腿部向前，使移动脚从脚跟触地经脚掌轻微地向前滑动直至脚掌稍微离开地面，之后进入脚尖触地的位置；后退常步指的是开始时双脚并立，将身体的重心落在任何一只脚上，支撑脚的膝盖稍微弯曲，由臀、胯摆荡腿部向后退，先是用脚尖着地，然后过渡到脚掌，最后是掌跟，这时身体的重心落在脚跟与脚掌之间。与此同时，前膝稍稍伸直但是并不僵硬，后膝稍屈。之后继续将身体的重心转移到后脚，身体继续后移同时带动前脚向后脚靠近，当前脚经过后脚旁边时，前脚的脚掌需要轻轻接触地面，这时候的后脚完全落到地上。

（14）踌躇步：表现前进暂受阻的舞步或组合。

（15）逗留步：身体运动或者旋转受阻时的部分舞步型，脚下短暂停止运行之后改变运行方向的舞步。一只脚作逗留步时，另一只脚或靠近或合并，但是身体的重心在此过程中保持不变。

（16）滑旋步：一只脚在反身动作位置中前进滑移后进行脚掌或脚尖旋转的舞步。运动脚在支撑脚定点旋转中做虚步滑移和旋转放置于支撑脚后旁。

（17）外侧舞步：在对方身体和脚的外侧运行的舞步。

（18）交叉步：双脚一前一后。在体育舞蹈中，同组舞者间一人脚步采用前交叉，则另一人的动作应该恰巧与其相反。

（19）叉形步：又称拂步、扫步，可以左叉也可以右叉，舞蹈过程中，男女舞伴的动力脚应该保持左右相反。

4．转

（1）正转：向右转动的舞步，也称自然转。

（2）反转：向左转动的舞步。

（3）轴转：舞者一只脚的脚掌旋转，另一脚处于反身动作位置。

（4）跟转：这是轴转的另一种形式，也称跟轴转，是运用重心脚脚跟为轴的一种旋转方式。另一只脚并于重心脚与重心脚同转，但只是进行虚转。转动结束时重心如果上升，重心则常会落在虚转脚的脚尖或者脚掌。

（5）脚跟转：专门指的是向后迈出的脚。通常来讲，在体育舞蹈中，舞者的动作过程相并的脚应该与主力脚平行，旋转结束之后身体的重心应该转移到动力脚上。

（6）脚跟轴转：单一脚跟进行旋转，身体的重心保持不变。

（7）撇转：一只脚脚掌或者脚尖弧线滑移后进行定点圆心的转动，从而使身体的重心在快速转动中下降的舞步，撇转时脚与膝边转边降。

5．舞步线

在体育舞蹈中，一只脚一个动作的路线就是舞步线。

6．平衡

平衡指的是舞蹈中身体重心的准确分配。

三、体育舞蹈的场地与服装

（一）体育舞蹈的场地

体育舞蹈的比赛规则规定：体育舞蹈赛场长的两条边线称为A线，长23米，赛场宽的两条边线称为B线，宽15米，场地的地面应该平整光滑。比赛过程中，舞者的体育舞蹈套路与动作应该根据场地的边线长短确定。比赛时，所有的舞者都应该沿着赛场的舞程线方向行进。

(二) 体育舞蹈的服装

在体育舞蹈中，服饰能够反映一个舞者的文化素质与审美情趣的高低。从广义上讲，服饰指的是衣服及其装饰，要求既要自然得体、协调大方，还应该遵守体育舞蹈约定俗成的规范或者原则。舞者的着装不仅应该与自身的具体条件相适应，同时还应该注意赛场客观环境、场合的相关要求，要着重考虑时间、地点、目的这三项要素，并尽可能与时间、地点、目的相一致。

社交舞是男女双人舞，对于服饰也有着相应的要求。参加社交舞会的人一般要做到衣冠整洁、服饰得体，具体的要求如下。

1. 男子

男子应穿着端庄大方，以西装革履为佳，颜色最好是选择深色，以全套黑色礼服搭配白色衬衣与深色的领带为宜。

2. 女子

女子应衣着艳丽，不宜穿着旗袍、筒裙、西装裙等有碍舞蹈动作的服装，尽量选择连衣裙，也可以穿着晚礼服。女舞者的着装要求为衣裙上身、腰部、衣袖应该合身，从而方便做手臂动作，也可以很好地表现出女子特有的曲线美。

第三节　体育舞蹈的特点及价值

一、体育舞蹈的特点

体育舞蹈有着较为显著的特点，其总体特点主要表现为以下几个方面。

(一) 竞技性

体育舞蹈经过长时间的发展与演变，如今已经形成了具有自身特性的一种舞蹈。体育舞蹈各种形式的比赛日趋正规化，相应的比赛规则也在不断发展和完善，如今参加体育舞蹈比赛的国家越来越多，其所具备的竞技性也在不断增强。

（二）健身性

体育舞蹈与其他的健身体育相同，对于每个人都有积极的作用。

在健身方面，体育舞蹈是人的生理肌体的运动过程。体育舞蹈各个技术动作的完成都需要学生身体各器官的协调配合，而体育舞蹈的出色完成则需要学生进行反复练习。由此可见，体育舞蹈的练习过程无疑就是人体器官锻炼的过程。

在健心方面，体育舞蹈以其特定的音乐、气氛与舞姿，通过非常微妙的信息传递并感染每一个舞蹈学生与观众。通过参与体育舞蹈还能够让学生排除学习与生活中遇到的各种苦恼，有效增强自信心。

（三）娱乐性

体育舞蹈所具备的娱乐性不仅是其区别于舞蹈艺术的重要特征，同时也是体育舞蹈有别于其他体育项目的一项重要特点。体育舞蹈非常注重娱乐性，强调自身的和谐发展。从体育的社会价值方面分析，体育舞蹈是人们交流思想、抒发情感以及相互沟通的一种有效形式。正是由于具备娱乐性这一特征，使得体育舞蹈能够迅速在全国得到很好的普及与发展。

（四）艺术性

体育舞蹈是一门艺术，它有着自身独特的“艺术语言”。体育舞蹈是一项集形体美、健康美、线条美以及诗性内涵等于一体的艺术，它注重气质以及文化修养的培养。

体育舞蹈通过一定的形式表现一定的内容，具有很强的思想性。在体育舞蹈中，表达一定内容的动作组合称为舞蹈语汇。体育舞蹈的一招一式都与人物的内心活动相对应，是学生心灵的一种外化。舞蹈动作的编排是根据人物以及情节进行具体设计的，从而使组合起来的动作更加富有内涵且个性鲜明。不管是表现具体的细节、行为以及心理活动，还是表现较为抽象的情绪以及精神气质等，体育舞蹈都具有一定的内涵，表现出显著的艺术性特征。

(五) 观赏性

体育舞蹈与芭蕾、冰上舞蹈相比有着更多的欣赏者。体育舞蹈将音乐美、服装美、风度美以及体态美完美地融合在一起，不仅具有阳春白雪的高雅与深度，同时还具备通俗与大众化的特点。作为一门视觉艺术，体育舞蹈的欣赏感知点都从可以看得见的形态中表现出来。例如，在欣赏摩登舞比赛与表演时，选手的服装与装饰会吸引观赏者的目光：男舞者通常会身着燕尾服，打着领结，风度翩翩，气质高雅；而女舞者往往身着长摆褶叠裙，秀丽端庄而且典雅大方。

(六) 技巧性

体育舞蹈兼有体育与文艺的双重特点，具有严格的规范性与技巧性。体育舞蹈是一个完整的舞蹈系统，是一项高雅文明的娱乐活动，它对于舞姿、舞步及其相应的表现力都有着很高的要求。经过长时间的发展与完善，如今的体育舞蹈已经形成许多高难度的技术动作，观众常常为舞蹈表演者所显示的高度技巧而折服。

(七) 抒情性

体育舞蹈同样具有抒情性特征。舞蹈语言主要是依靠主观的形体动作来表现，这些动作足以直接、鲜明地表现人物内心的感情特点。体育舞蹈表现感情是全能的，不仅可以大到某种情绪范畴，而且还可以细到一个人的内心情绪波动过程。

(八) 独特性

体育舞蹈的类型不同，其动作所具备的风格特点也存在很大的不同，可以说，体育舞蹈特异的风格也是其巨大的魅力所在。

二、体育舞蹈的价值

体育舞蹈不仅具有鲜明的运动特点，同时还有着多方面的运动价值。具体来讲，体育舞蹈的运动价值主要表现在以下几个方面。

（一）有助于学生身体素质的提高

通过练习体育舞蹈有助于增强学生的体力，从而有效改善学生身体的内脏器官功能，还可以提高关节与韧带的活动幅度，增强关节的弹性以及灵活性，全面发展身心及各器官的机能，提高身体的协调性、灵活性、柔韧性等身体素质。另外，经常参加体育舞蹈还有助于促进学生机体新陈代谢的改善。

（二）有利于形体的发展与气质的培养

体育舞蹈能够有效减少学生体内多余的脂肪，合理控制体重，使体重与关节匀称、和谐地发展。体育舞蹈能够陶冶美的情操，培养学生高尚的情趣，提高人的表现力及艺术鉴赏力，增强韵律感、节奏感和美感体验，培养文明、礼貌的行为习惯和高雅、庄重的行为举止，增强人的个性魅力。体育舞蹈对于学生形成正确的身体姿态与健美的体形，培养高雅的气质具有非常积极的作用。

（三）给人以美的享受

体育舞蹈所具备的内容美、形式美、技艺美、精神美使其自身有着极强的感召力，同时还能够有效满足学生的审美需要，给学生以审美享受的价值。

（四）有利于消除紧张与不安情绪

良好的情绪对于学生保持良好的心理状态非常重要。在良好的心情状态下，学生的思想会更为开阔，思维更加敏捷，解决问题也会更加迅速，思想清晰并且富于推理。体育舞蹈能够有效消除学生身体的疲劳，调节学生的情绪，同时还能够活跃身心，改善学生的精神面貌，使学生身心舒畅、性格开朗、心情愉快并且具有充沛的精力。由此可见，参与体育舞蹈对于减轻学生的身心负担，提高学习与工作效率是非常有利的。

在参与体育舞蹈时，优美的音乐、欢快的气氛以及美妙动人的舞姿都会感染每一个人，学生的身心也能够在娱乐与愉悦中得到有效的放松。

（五）有助于推动社交的开展

体育舞蹈是一种非常高雅的运动项目，也是一种沟通学生之间个人情感的形体语言。经常参加体育舞蹈练习有助于改善学生之间的关系，增进相互之间的了解，这对于丰富学生的业余文化生活、提高生活质量有着很好的推动作用。

第四节　高校体育舞蹈课程的科学理论基础

一、高校体育舞蹈课程的心理学基础

高校体育舞蹈运动的心理学基础主要通过体育舞蹈运动中学生的个性心理方面得以反映出来。相关研究发现，学生参与体育舞蹈运动与其感觉、知觉、判断、记忆、思维等心理过程以及性格、兴趣、意志等个性心理特征有密切的关系，这些因素会对他们参与体育舞蹈运动的积极性、自觉性和主动性产生直接影响。

（一）体育舞蹈运动的个性心理

所谓个性是指具有一定倾向性的较为稳定的心理特征的总和，称之为“个性”。个性心理是指在心理活动中，个人所表现出来的心理特点，主要包括气质、性格、能力三个方面。这些特点会对个人的所有行为产生影响，在体育舞蹈运动中同样有着非常重要的作用。

1. 能力

能力是指顺利完成某种活动必备的心理特征，包括观察力、记忆力、思考力、想象力和注意力等。能力是掌握运动技能、提高运动成绩的基础。在能力方面，人与人之间有着很大的差异，如人的能力类型的差异（有人善于形象思维，有人善于抽象思维）、能力表现早晚的差异、

能力发展水平的差异，所以在学习体育舞蹈的过程中，要根据学生的能力特点因材施教，促使每个学生都能掌握相应的运动技能。

2. 气质

在人的心理活动中，气质是最为稳定的动力特征。气质类型不同，所产生的行为表现也存在差异。对不同人的气质类型进行鉴定或了解，对于高校体育舞蹈运动的学练有着非常重要的意义。在体育舞蹈运动中，气质类型是学生参与运动的心理依据。

3. 性格

性格是个人对现实的稳定的态度和习惯化的行为方式。作为个性的一个方面，它跟气质、能力一样都是人们的心理特点，但性格特征有两个特殊的表现。一是性格是现实社会关系在人脑的反映，个人对现实的稳固态度和采取某种行为方式都是人们一定的思想意识和行为习惯的表现。二是性格特征是一种比较稳定但又可变的倾向，它是稳定、经常、一贯的表现。性格又是可变的。如一个意志薄弱、胆小怕刺激的人，经过长时间的运动训练和多次比赛，很可能变成一个意志坚强的运动员，所以培养性格是培养人的一项重要的任务。

综上所述，每个人都存在着相应的心理过程，并且心理过程与个性心理差异有着非常紧密的联系。在生理运动中，个性心理能够为其提供相应的指导。人的个性心理又是通过心理过程形成的，也是在心理过程中表现出来的，已经形成的个性差异又制约着心理过程的进行。因此，体育舞蹈运动与心理过程有着非常紧密的联系，二者相互促进，相互制约。

（二）体育舞蹈运动与心理效应

体育舞蹈运动的心理学基础主要反映在运动过程中学生的个体心理方面。体育舞蹈运动可以调节学生的心理，使学生的心理向健康方向发展，还可以培养学生优良的心理品质，而优良的心理品质对体育舞蹈具有重要的促进作用。实验研究证明，学生的各种心理过程和个性心理特征跟学生运动行为的关系非常密切，它们直接影响着学生参加体育舞蹈运动的自觉性、积极性和主动性。而通过体育舞蹈运动锻炼，又会不断提高、改善和调节学生的心理水平。具体来说，体育舞蹈运动的心理效应主要通过以下几个方面表现出来。

1. 体育舞蹈与认知能力

认知能力对于人来说是与生俱来的，与遗传因素有着很大的关系，同时外界环境、心理、年龄等因素也会对其产生影响。体育舞蹈运动能够很好地促进人的认知能力的发展。体育舞蹈运动种类繁多，但都有一个共同的特点，即在运动或高速运动中要求学生既能对外界物体做出迅速准确的感知和判断，又能迅速调整自己的身体，以保证动作的完成。经常参与这项运动能够使学生的感觉和知觉能力得到更好的发展，提高学生的反应速度，使得学生的知觉判断能力得以提高，从而使学生变得更加灵活、敏锐；同时，也能够使学生的记忆能力、思维能力、判断能力得到充分的锻炼。在体育舞蹈运动中，学生既能够感知运动过程中那些直接作用于感觉器官的动作、音乐以及教师给予肌肉、神经等的刺激，并且在思维和教师指导动作的共同参与下，又能对某些没有经历过的动作形象在头脑中进行创造，从而达到重新创造出新颖动作的目的。

长期参与体育舞蹈运动能够促使学生的智力功能得到很大的提升，既能提高学生的注意、记忆、反应、思维和想象等能力，同时又能使学生保持稳定的情绪和开朗的性格，并延缓疲劳的产生等。以上这些非智力成分在提高学生的智力发育方面有着非常重要的作用。

2. 体育舞蹈与动机

体育舞蹈运动是以身体锻炼为基本手段，配合音乐的伴奏，增进学生健康、娱乐身心的体育健身项目。在体育舞蹈运动中，学生对练习环境、音乐、教师的技能水平等都会表现出一种好奇的心理，这种心理就是所谓的动机。动机是指能够促使人们参与活动的内部动力或心理动因，其意义在于能够激发人们参与活动，并将活动导向一定的目的，从而使个体的需要得到满足等。由于生长环境的不同，人们的个性心理也存在较大的差异，这就造成了在参加体育舞蹈运动时带有的心理需要、动机层次、指向以及深度和广度都会有所不同。如有的人参加体育舞蹈，既可能是出于维护个人健康的需要，又可能是由于受到朋友的影响。通常来说，在某一时刻最强烈的需要即构成了最强的动机，最强的动机能够更好地推动人们的行为。在体育舞蹈运动中，人们的参与动机往往都是很多动机综合起来共同发挥作用。对于各种群体而言，参加体育舞蹈运动的动机主要有：使精神需求得到满足；达到强身健体的目的；寻求刺激和娱乐消遣；增加和丰富社会经验，结交新朋友或对现存的友谊关系进行维护和扩大；对意志进行磨炼；为丰富自己的审美情趣，或出于减肥需要。

3. 体育舞蹈与意志品质

体育舞蹈运动对人的意志品质的影响表现为坚强的意志品质。坚强的意志品质是克服困难、完成各种实践活动的重要条件。明确目的和克服困难是进行意志品质培养所必须具备的两个条件，这也要求体育舞蹈运动需要具备以上两个条件。在体育舞蹈运动中，人们的目的是非常明确的，在此过程中需要不断克服客观困难（如气候条件的变化，动作的难度或意外的障碍等）和主观困难（如胆怯和畏惧心理，疲劳或运动损伤等），这就需要足够的意志力量。只有通过不断地克服这些困难，才能慢慢地养成身体锻炼的习惯。对于高校学生来说，在意志品质的教育方面，体育舞蹈运动是一个非常有效的手段。在行动中不顾任何挫折和失败，不怕任何困难和障碍，以充沛的精力和顽强的毅力坚持达到最终目的是体育舞蹈运动中对意志品质的教育。而且体育舞蹈运动能够焕发精神面貌，陶冶高尚的情操，同时音乐给这种运动带来生机和活力，让高校学生在欢乐的气氛中进行锻炼，心情愉快，不易疲劳，使心灵和情操都能得到净化。

4. 体育舞蹈与情绪、情感

在人们的日常生活中，情感每时每刻都充斥其中，但是在受到诸多因素的影响下，感情又会表现为各种各样非常复杂的心理情绪，情绪是人对事物态度的体验，也是使人的需要得到满足的具体反映。研究显示，不管是长久坚持体育舞蹈运动还是一次性的体育舞蹈运动，都能对人的情绪产生良好的影响。由于社会非常错综复杂，人们常常会产生紧张、忧愁、压抑等情绪反应，学生也面临着学业压力或就业压力而不断产生焦虑感。有研究发现，一个人的成功，智商的影响只占到20%，其他的80%是由情商决定的。在体育舞蹈运动中具有强烈的情感体验，因此，对人的心理影响非常大。不管是体育舞蹈运动中的哪个项目，都有复杂的情感表现相互感染，融合在一起，可以有利于转移个体不愉快的意识、情绪和行为。通过这些复杂的情感体验刺激，在促进学生情感自我调节能力和情感成熟方面有着非常显著的作用。在现实生活中人们也可以通过体育舞蹈运动改善并调节自已的情感状态。

对于情绪的调节作用，体育舞蹈运动主要表现在短期效应和长期效应两个方面。据有关研究人员指出，短时间的运动锻炼可以显著地改善紧张、困惑、焦虑、愤怒和抑郁等不良情绪；长期有规律的中等强度的运动有助于改善情绪并提升情感的控制能力。因此，长期参与体育舞蹈锻炼，能够有效地提升学生的沟通能力和交际能力，改善人际关系，产生亲近、谅解、信赖和相互谦让的心理感受，从而在心理上产生一种安全感和归属感，更好地适应社会环境，有效降低学生在实际生活中面临的考试压力、学业压力和就业压力等。

5. 体育舞蹈与美感

美感是关于客观事物或者人的言论、行动、思想、意图是否符合人的美的需要而产生的一种情感。体育舞蹈运动具有的强劲的动作、优美、富有活力、节奏感强等都能使学生产生美的情感。同时，还能够给人自然、大方、协调、热情、健康的美的感受。美感具有非常复杂的成分，就体验而言，美感既是一种愉快的体验，同时也是一种倾向性的体验。

美感表现为对于美好事物的肯定，促使人们重复欣赏，对它感到亲切、迷恋。美感是为人所独有的，它是在人的社会性需要的基础上产生的。在人的整个情绪生活中，这种情感占据着主要的地位，并对人类的生活发挥着非常重要的作用。体育舞蹈运动具有很强的艺术性，经常参加体育舞蹈运动对韵律感和节奏感的增强有促进作用，从而提高了认识美、表现美和创造美的能力。

6. 体育舞蹈与心理疾病的防治

医学研究显示，人的大脑中有一种化学物质不仅调节身体的免疫系统，同时还影响着人们的思想感情。这意味着人们的心理状态与生理状态有着非常紧密的联系。这种化学物质不仅存在于个人的大脑中，还能够循环传递于身体各个系统中，包括免疫系统。这就意味着积极乐观的心理状态可以预防疾病，体内分泌出各种有利于健康的化学物质，从而提高人体的免疫机能。如在给一些病人进行康复治疗时，让其保持乐观向上的精神状态有时会达到事半功倍的效果。

在信息传递方面，积极的肌肉活动能够增加对肌肉的刺激，大脑的兴奋水平也会随之提高，情绪也会越发高涨。体育舞蹈运动之所以能有效地调节人的情绪，也就是运用、遵循了这一原理。很多医学研究认为，在情况允许的情况下，运动治疗可谓是一个非常好的方法。在运动治疗过程中都要遵循下列的基本神经生理法则。

第一，通过感觉对运动进行调整，运动系统在相当大的程度上依赖感觉系统对外界环境的有效反应，通过对本体感觉输入进行有效的控制促进或抑制运动的输出。

第二，中枢神经系统具有很强的可塑性，也就是说在受到损伤之后，大脑能够进行自行的调整，从而对损伤进行代偿的功能。因此，体育舞蹈运动的作用就是将大脑的这种潜能进行最大限度地挖掘。

第三，每个人的心与身都是相互联系、相互作用的，人的心理与人周围的环境、与周围的人也是相互协调、相互影响的。而体育舞蹈运动则为人提供了一块珍贵的活动空间，在这一空间中，人的心与身、人与环境、人与人之间都能充分地交融在一起，从而促进主体对环境的适应，促进人际关系发展，使人达到身心平衡，获得身心健康。

（三）心理因素对体育舞蹈运动的影响

1. 情绪对体育舞蹈运动的影响

良好的情绪能够明显地提高人的活动能力，促进人体运动能力的提高，使人精神焕发、干劲倍增、积极主动、坚韧不拔、持之以恒。由此可见，在体育舞蹈运动方面，情绪有着非常大的影响。作为一项充满活力、散发着热情的运动项目，体育舞蹈必须依靠表演者的情绪感染观众的情绪。因此，时刻洋溢着愉快、热情是每个学生的运动要求。

2. 良好意志力对体育舞蹈运动的影响

前面所述可以看出，体育舞蹈运动能够培养高校学生坚强的意志品质。坚强的意志品质同样也对体育舞蹈运动具有积极的影响，如对掌握动作技能，提高运动成绩，增强身体素质等都十分有益。

第一，与日常生活相比，在体育舞蹈运动中肌肉会具有更高的紧张程度，并且需要在不同情境和困难条件下完成各种动作，此时只有具有坚强的意志力才能够使各种动作的需要得以满足。

第二，在参与体育舞蹈运动中，高校学生需要将注意力高度集中，并在意志努力的作用下，克服来自内部和外部刺激的不良影响。

第三，高校学生在参与体育舞蹈运动时，肌体的各个系统会全面运转，很容易产生疲劳，甚至发生运动损伤，具有较强意志者能够克服这种由于运动损伤和疲劳产生的消极情绪，并积极地参与体育舞蹈运动。

3. 智力对体育舞蹈运动的影响

在身体活动中，人的智力有着相当的作用，虽然高校学生的智力发展随着年龄的增长而与其身体活动能力的发展逐渐分化开，二者之间的关系也不再那么明显，此时智力与身体活动能力之间的相关度低，但智力的发展与身体活动能力的发展仍然存在着联系。体育舞蹈运动中，通常会运用到精确的记忆能力、敏锐的观察能力、丰富的想象能力、快速的思维能力等。

二、高校体育舞蹈课程的运动学基础

（一）运动技能本质

1. 形成运动条件反射与运动技能

（1）运动的反射本质

有关研究表示，人的所有运动都是从感觉开始，随之产生心理活动，最后表达为肌肉的效应活动的一种反射。运动的生理机制是以大脑皮质活动为基础的暂时性神经联系。所以，学习和掌握运动技能，其生理本质就是建立运动条件反射的过程。

（2）运动条件反射形成的生理机制假说

运动条件反射的形成是通过很多简单的非条件反射综合而成的。随着大脑和各个器官的发育，在这些非条件反射的基础上，通过听觉、视觉、触觉和本体感觉与条件刺激物多次结合，就形成了简单的运动条件反射。人形成运动技能就是形成连锁的、复杂的、本体感受性的运动条件反射。

运动技能与一般运动条件反射并不是等同的，运动技能区别在于其复杂性、连锁性和本体感受性。

复杂性：运动技能是有多个中枢参与形成运动条件反射活动（运动中枢、视觉中枢、听觉中枢、皮肤感觉中枢和内脏活动中枢）。

连锁性：运动技能的反射活动是连续的，前一个动作的结束便是后一动作的开始。

本体感受性：在条件反射过程中，肌肉的传入冲动（本体感受性冲动）起到重要作用，没有这种传入冲动，条件刺激得不到强化，同时由运动中枢发放神经冲动传至肌肉效应器官引起活动的复杂过程条件反射就不能形成，也就无法掌握运动技能。

因此，运动技能与条件反射的关系就是运动技能可以建立复杂的、连锁的、本体感受性的运动条件反射。

2. 运动技能的信息传递与处理

所谓的信息处理就是人对外界环境刺激到发生反应的过程。在这个过程中人就是信息处理器，人对外界环境的刺激到发生反应的过程就是信息处理的过程，这一过程对运动技能的学习也是至关重要的。

形成和再现运动技能的信息源（刺激）的来源分别来自体外和体内。

第一，体外信息源来自对体育运动学习的过程，当教练或教师发出信息（包括信息的强度、形式、数量等），传输给学生（传输手段包括示范、讲解、录像等）。学生通过感觉器官，经大脑皮质分析综合形成初步的概念。

第二，体内信息来源来自大脑皮质一般解释区。大脑的一般解释区由躯体感觉、视觉和听觉的联合区组成。一般解释区位置在颞叶后上方，角回的前方。一般解释区是视觉、动觉、听觉的汇合区，具有各种不同的感觉体验和分析能力，信号是由这里转移到脑的运动部位以控制具体的运动。

（二）运动技能的分类

1. 连续性、非连续性和序列性运动技能

人们根据运动开始和结束的位置，将运动技能分为连续性运动技能、非连续性运动技能、序列性运动技能三类，具体内容如下所示。

（1）连续性运动技能

连续性运动技能没有明显的开始和结束，其动作呈现出不断重复的特征，运动时间相对较长，具有一定的周期性特征。

（2）非连续性运动技能

非连续性运动技能没有明确的开始和结束，各动作也是由多种简单的动作构成，运动时间相对较短，并没有一定的周期性。

（3）序列性运动技能

多个非连续性运动技能构成了序列性运动，该运动在各个环节都有一定的顺序和节奏，注重各个环节之间的连贯性。

2. 封闭性和开放性运动技能

人们根据运动技能对外界环境的依赖程度而将运动分为封闭性运动技能和开放性运动技能。

（1）封闭性运动技能

封闭性运动技能主要依靠人体的感受器来实现信息的反馈和调节，多次练习便能够使得该运动技能稳定、协调。

（2）开放性运动技能

开放性运动技能依赖于外界环境提供的各种信息，在此基础上，人体综合各种外界环境因素作出相应的运动调节，以便更好地促进运动技能的发挥。在进行开放性运动技能时，学生需要实时观察外界环境以及队员的变化，对学生的应变能力和预见能力等均具有较高的要求。

3. 小肌肉群和大肌肉群运动技能

根据操作某项运动技能时人体参与肌肉群体的大小，将运动技能分为小肌肉群运动技能和大肌肉群运动技能。

（1）小肌肉群运动技能

小肌肉群运动技能要求对较小的肌群进行控制，对精确性要求较高，需要用到人体的手指、手腕、眼等，常见的小肌群运动有射箭、射击等。

（2）大肌肉群运动技能

大肌肉群运动技能需要较大的肌肉系统参与才能实现，需要各动作之间协调、流畅的配合，常见的大肌群运动有行走、跳跃、大力扣球等技术动作。

三、高校体育舞蹈课程的美学基础

（一）体育舞蹈的审美构成因素

体育舞蹈源于生活及人们对人体健美的追求，是体操、舞蹈、音乐逐步发展和结合的产物。体育舞蹈较好地将体育与艺术结合在一起，因此它与一般体育运动项目相比，具有较多的审美因素。体育舞蹈以人体自身为审美对象，对于人体的自然属性方面较为重视，如人的形体匀称适度，肌肉强健，富于弹性，肤色美观等。无论人体处于静止状态还是运动状态，其上述自然属性是很明显的，这些自然属性对形式美是体育舞蹈的主要审美构成因素起着重要的决定性作用。

形式美是构成事物外在属性及其组合关系中所显现出来的美。相对内容而言，形式美具有相对独立的审美意义。因此，形式美的构成因素自然也就成了体育舞蹈的主要审美构成因素，具体来说，体育舞蹈的审美构成因素主要包括以下几个方面。

1. 线条与形体美

（1）线条

线条和形体是构成人体美的基础。通常情况下，不同的线条会给人带来不同的感受。如垂直线给人以坚硬、庄严、高昂的感觉，曲线给人舒展、柔和、流畅的感觉。一般来说，男性的健美主要表现为刚健有力，直线条多一些；而女性的健美则表现为柔美秀丽，曲线多一些。如果把男女人体的健美加以分类的话，大体分为刚、柔两类。这种分类只是相对的。实际上，刚、柔是相互渗透、相辅相成的。在体育舞蹈运动员中，在男性强健的身体上可以找到柔和的曲线之美，他们可以做出灵巧的动作，这就是刚中有柔；而女运动员秀美的身姿也显得矫健有力，她们可以做出强劲的动作，这便是柔中有刚。在体育舞蹈线条因素中，常常是既刚柔相分，又刚柔相济。

（2）形体美

体育舞蹈的形体美则由男女运动员自身形体的静态美和操化动作动态美两方面所组成。从静态方面来看，美的形体应具备以下三个方面的条件。

第一，骨骼为支架所构成的人体各部分比例要匀称、适度、发育良好。

第二，由肌肉的完美发达所呈现的人体形态要强健而协调。

第三，肤色红润而有光泽。

只有满足以上三个方面的条件，才能称得上是美的形体。从动态方面来看，体育舞蹈运动员的形体美主要依靠体育舞蹈的动作创编以及运动员对这些连贯的动作组合和动作群的表现力。动作是在协调一致的动作流程中显现的，它的基础是节拍，还包括连续造型，从而构成了动态美。了解了这些特点，在进行编排的过程中，就可以将这些因素考虑进去，在编排中体现运动员的动态线条与形体的美。

2. 色彩美

色彩作为形式美的重要因素，它有冷暖、轻重、远近、明暗的视觉效果。色彩具有一定的情感性和象征性，不同颜色的视觉效果也是有一定的区别的，可以根据体育舞蹈的需要将其运用到体育舞蹈运动的创编中。一般来说，红、橙属于暖色，给人热烈、兴奋、活跃、喜悦之感；青、蓝属于冷色，给人深远、幽静、庄重、严谨、典雅之感；草绿、银色属于中性，给人柔和、娴静、和谐之感。看到红色，就使人不由得想起血与火，因而产生热烈兴奋的情绪。所以在编排体育舞蹈时，可考虑在大红色地毯上进行成套的创编，使运动员较易进入兴奋的状态，与创编者产生共鸣，能得到更好的效果。运动员在参加比赛时，应考虑各方面对成绩及发挥的影响因素，因此，考虑色彩美的编排是非常重要且必要的。

3. 音乐美

音乐是体育舞蹈的重要组成部分之一，对于体育舞蹈来说，音乐是不可缺少的，可见其作用的重要。具体来说，体育舞蹈必须在音乐伴奏下进行练习，可以说音乐是体育舞蹈的灵魂。与艺术体操相比，竞技体育舞蹈对动作力度的重视程度更高。因此，它的音乐节奏趋于鲜明强劲，风格更趋热烈奔放。体育舞蹈音乐多取材于迪斯科、爵士、摇滚等现代音乐和具有上述特点的民族乐曲，使体育舞蹈体现出一种鲜明的现代韵律感。这种有节奏、韵律的音乐，能激发运动员的情绪，使之产生一种轻松愉快的感觉，既得到了美的享受，又提高了协调性、节奏感、韵律感和表现力。音乐运用得完美与否直接影响着体育舞蹈的整体效果。在体育舞蹈中，音乐的主要作用是用来烘托成套动作的效果与气氛，音乐与动作是紧密结合的，动作既是对音乐情绪的一种表现，同时也是通过音乐的气氛对动作本身进行情绪上与力度上的烘托与渲染，任何一个动作的艺术性都存在于一种音乐情绪的表现之中。体育舞蹈音乐具有节奏鲜明、旋律优美、风格各异的特点，它的动感非常强烈，让人很兴奋也很激动，其节奏性充分体现在音乐的独特风格上，而近年来，随着体育舞蹈的不断发展，人们更加注重音乐节奏性的运用，同时增添其创造性的编排，使音乐效果更具艺术性和欣赏性。

总的来说，体育舞蹈的音乐配以强劲的鼓点动效，能达到使整个过程洋溢着热烈、欢快、喜庆的气氛的目的，通过音乐的节奏将体育舞蹈运动的本质和内涵充分体现出来，同时将体育舞蹈运动所独有的动感风格展现出来，也将体育舞蹈项目的节奏美这一美学特征充分地体现出来。

4. 路线变化美

在体育舞蹈比赛中，对运动员的场地利用提出了更高的要求，具体在场地的三维空间的运用方面得到了充分体现。体育舞蹈运动场地的表面至少有前、后、侧、对角、弧线五个方向的移动，即表现为体育舞蹈运动路线的变化美。与其他的体育项目不同，体育舞蹈路线的丰富变化既展现了运动别具一格的风格特色，提高了体育舞蹈运动的艺术欣赏价值和审美价值，又是运动员竞技能力的一种体现，一个优秀的运动员能够充分地利用场地，将成套动作的路线变化表现得淋漓尽致，每一个到位的路线跑动都让人赏心悦目，将体育舞蹈运动的这一美学特征向观众及裁判展示。在编排中，创编者更应注意这些审美特点进行成套动作编排。

(二) 体育舞蹈审美的构成法则

在体育舞蹈中，要构成整体的形式美，还有赖于按一定的法则进行组合。由于体育舞蹈的美以形式美为主，因此，形式美的主要构成法则亦成了体育舞蹈的审美构成法则，也是进行体育舞蹈编排的基础。体育舞蹈审美的构成法则主要包括以下几个方面。

1. 整齐一律

整齐一律又称“单纯齐一”，也就是说，它是同一形式的一致重复，也是最简单的形式美，这一原则在体育舞蹈中得到了非常广泛的应用。对于体育舞蹈中的一些自选动作或规定动作，很多动作都要求要整齐一致，这就是一律的美。它虽然简单，却是最基本的形式美构成法则，也是体育舞蹈中的动作基础。

2. 对比调和

对比调和是形式美中重要的法则，应该严格遵守。对比是差异中倾向的对立，它对于鲜明地表现事物的特点是非常有帮助的。在体育舞蹈中，对比主要在形体及音乐方面得到充分的运用。拿形体对比来说，男性体育舞蹈运动员的身体强壮、肌肉发达与女性体育舞蹈运动员的身材匀称、曲线秀美本身就形成了刚与柔的对比。另外在动作的编排上，除男女运动员的统一动作外，男运动员的动作可突出其阳刚与力度，女运动员的动作可突出其阴柔与协调性。再拿音乐对比说，整套体育舞蹈的音乐不宜同一节奏与力度而应有张有弛，强弱恰当。在这样的音乐伴奏下，体育舞蹈动作也自然有张有弛，时而激越蹦跳，时而舒缓抒情，能给人以审美享受。调和是差异中求一致，即着重统一。在体育舞蹈中，既要善用对比这一法则，又要对调和引起高度的重视。另外，还要在色彩、音乐、形体中对这一点引起高度的重视，如男女运动员服装颜色的调和，服装与地毯颜色的调和，音乐的节奏与旋律的调和，动作与音乐的调和等。

3. 多样统一

多样统一是形式美法则的高级形式，也叫和谐。“多样”能够将各个事物个性的千差万别充分体现出来，“统一”则主要将各个事物的共性或整体联系充分体现出来。多样统一使人感到既丰富又单纯，既活泼又有秩序。这一基本法则包含了变化以及对称、均衡、对比、调和、节奏、比例等因素，所以一般都把“多样统一”作为形式美的根本法则。

概括地讲，多样统一是在变化中求统一，在参差中求整齐。而体育舞蹈动作的创编正应该根据形式美的这一根本法则进行。体育舞蹈比赛的成功很大程度上取决于编排水平，其创编原则主要包括针对性原则、创新性原则、全面性原则和艺术性原则等，创编时应遵循多样统一的法则。体育舞蹈的总体结构设计合理才能产生悦人的节奏感和张弛有序、高潮迭起的美感，体育舞蹈要吸收舞蹈等艺术性项目的动作语汇却又不能舞蹈化，而要加以改造，使之成为美观大方、有力度、有特色的体育舞蹈动作。

4．均衡对称

所谓均衡是指布局上的等量不等形，对称是指以轴线作为中心的相等或相适应。通常情况下，对称往往能给人以稳定感、完全感、庄重感。均衡与对称是两个相互联系的两个方面，均衡包括了对称这一因素，但比对称更加灵活，允许左右形态有所不同，其审美效果是整齐与活泼的结合。在混合双人操和三人操中，均衡应用得较多，而在混合六人操中，则对称动作应用较多，这样能使整个队形对称整齐，整体壮观，达到较好的视觉效果。在编排体育舞蹈的过程中，要对这一审美构成法则加以有效利用。

5．节奏韵律

节奏是指力度在体育舞蹈运动过程中变化的时序连续。而以节奏作为基础，赋予一定的情调，便成了韵律。体育舞蹈的开展是在强劲音乐的伴奏下进行的，因此，音乐的韵律和节奏会对动作的幅度和力度产生非常重要的影响。同时，体育舞蹈是由类型、方向、路线、幅度、力度、速度等不同的多种动作组成的，而要产生良好的审美过程，就一定要将这些动作和音乐的节奏和韵律完美地统一起来。作为一项艺术性非常高的运动项目，在动作和音乐双重节奏的韵律法则作用下，能够增强运动员的节奏感和韵律感，提高其音乐素养，从而提高运动员认识美、鉴赏美、表现美直至创造美的能力。在编排成套的体育舞蹈动作时，必须使动作与音乐的节奏韵律相吻合，正确处理好动作与音乐节奏韵律之间的关系。

第二章 高校形体训练基础理论

第一节 形体训练的基本理论

一、形体训练的内容及要求

（一）形体训练的练习内容

1. 基本素质训练

身体基本素质训练是指健美操训练中教师运用各种训练手段和方法提高学生的身体机能水平，发展专项素质的基本能力和各种运动素质，是技术训练和提高运动成绩的手段。它可以改善学生的神经、心血管系统的机能，提高肌肉群的力量和弹性，发展柔韧、速度、耐力和协调能力。

身体基本素质训练可分为专项身体基本素质训练和一般身体基本素质训练。专项身体基本素质训练采用与专项技术结构相似的练习或专项的基本动作来发展专项所需的运动素质，以保证更快、更好地掌握专项技术动作和承受大强度的运动负荷。一般身体基本素质训练采用各种非专项训练手段和方法进行练习，目的在于增强学生体质，提高各器官和系统的机能，全面发展各种身体素质和改善学生的身体形态。

身体基本素质训练水平与技术、心理等训练水平以及身体机能、身体形态等有着密切的联系，它们相互作用，相互影响。良好的身体素质对提高学生肌体能力、改善身体形态、增进健康、延长运动寿命、增强比赛的心理稳定性等都具有积极的意义。

2. 身体各部位的形体训练

基本素质训练只是形体训练的一个基础，而学生要改善形体，达到拥有健美体型的目的，就必须在拥有基本素质的前提下通过对身体各部位的具体形体锻炼才有可能。因此，在形体训练中，基本素质训练只是一个前提，根本的还是对身体各个部位进行的针对性训练。

(二) 形体训练的要求

1. 明确形体训练的目的

学生要对形体素质的意义有比较深刻的认识，要不断提高对形体训练意义的认识，把训练的目的与需要紧密联系起来。

形体训练是一个自我锻炼、自我完善的过程，学生要克服自身的惰性，战胜各种困难，可以说坚持形体训练并不容易。在形体训练中，学生只有明确形体训练的目的，有了训练的效果，继而达到形体训练的目的，才能获得愉悦的情感体验，坚持并且喜欢上形体训练。

2. 掌握形体训练基础知识、基本技术和基本技能，努力培养个性和能力

在学习形体训练的内容之前，学生应先掌握科学训练的方法，明确形体训练的内容、意义以及原则，以形体训练理论和知识为向导，提高自己的美学素养。

重视学习形体训练的理论知识，了解形体训练的心理和生理特征、科学的训练原则以及人体运动生理基础知识；掌握形体训练的基本方法、动作的技术规格，科学合理地安排训练内容、训练计划、训练负荷，这些对形体训练来说都是很有必要的。

只有掌握了形体训练基础知识、基本技术和基本技能，才能科学地掌握运动方法，使效果更为突出，提高形体训练的实效性，促进形体改善，从而达到进行形体训练的目的。

美是令人倾慕的，但创造美的劳动都是艰辛的，甚至是残酷的。这在形体训练中表现很明显，形体训练的基本手段是按照自然美的形态和发展，将集中提炼的动作元素组合，对学生进行训练，以达到教学目

的。只有这样，才能获得较好的效果。因此，在全面进行形体训练的同时，应磨砺自己的意志，养成自觉练习的习惯，培养良好的个性和独立锻炼的能力。

3. 形体训练要与现实相结合

形体训练塑造了健美的体形和优雅的姿态，应该表现在日常学习生活的行为中，坐得端庄，站得挺拔，走得优雅。

形体训练的最高目的在于把形体训练的效果用于生活中，培养出自己的气质。因此，要注重将形体训练与现实相结合，要有意识地要求自己姿势正确、姿态优美，时时提醒自己保持文雅的动作。

4. 在形体训练中进行艺术美育教育，陶冶情操

形体训练课程不仅是人体的动态造型运动，更是在美的音乐旋律的感受中，引导人们表现美、塑造美、创造美的活动，它是一个有计划、有目的的教育过程。经常参加形体训练，能对学生起到潜移默化的作用。在这种自身的审美享受中，不但能抒发美的情感，提高自己的艺术修养水平，还能够净化心灵，陶冶情操，使身体的美和心灵的美和谐一致，从而实现内在美和外在美的统一。

5. 在形体训练中健美身心，强化审美意识

人类的美兼容身体健美、精神丰富和道德纯洁，其中健美的身体是美的表现的主要载体。人的身体是有生命和情感的活体，健美意味着情感的发展和生命的延续，意味着无穷无尽的美好追求与创造，是推动社会发展的动力。在现代社会中，热爱美、追求美是人们共同的愿望，更是现代人生活的一大特点。只有具备了健美的身体，才能参与社会的竞争和强化自身的创造能力。

健康的身心是美的标志。身体的健与美是密不可分的，健是美的前提和基础。美可以分为内在美和外在美。内在美是指人的心灵美，即崇高的道德品质和完美的精神世界；外在美则是指人的外部形象，包括容貌、服饰、形体、发型等。人的整体美是这两方面和谐统一的表现。形体训练既培养和启发人的内在美感，又培养塑造人的外在美形态，达到和展现人的完美形象。这种美的形象是通过动作所表现出的一种外部姿

态和神韵。外在美有其相对独立性，有它独特的表现规律和形式，并非用其他的物质载体所能代替的。在现实生活中，只有积极参与有规律而科学的形体训练，才能获得健美的形体，展现优雅的魅力和风度。所以说，人们在通过形体训练改造自身的过程中，培养了自身的审美意识以及审美能力。

高校学生作为时代的接班人，应该在健全、完善人格的校园学生活中，通过学习和掌握形体训练的基本知识和技能，使自己具备健美的形体和精神风貌。因此，他们应根据自己身心的发展规律，有目的、有计划地进行针对性的练习，使身体各个部位丰满匀称，发育良好，改善自然形态的不足。他们也应根据性别特征和专业特点，选择性地强化训练，提高生理机能水平，既具备健美的形态，又培养优雅文明的举止，从而培养他们的审美意识，提高他们的身体控制力和表现力，使之更加适应当今和未来社会的需要。

二、形体训练的原则

形体训练对人体的健康很有裨益，它可以使人的肤色润泽，体格强壮，内脏功能强健，身材自然、匀称、健美和精力充沛。众所周知，人只有在健康的基础上才有优美的体形，而健康可以通过各种体育锻炼获得，但优美的体形则要进行专门的训练。同时，它要通过量力而为、持之以恒的健身锻炼及适当的营养和休息才可成就。

形体训练，既不同于打球、跑步、游泳等运动，也与技巧、舞蹈、竞技体操等项目有区别。它一方面能全面锻炼身体，另一方面又可以有重点地塑造学生的形态，培养良好的姿态，使学生掌握形体锻炼的基础知识、基本技能和基本技术的同时，提高形体的美感，培养良好的气质，陶冶美的情操，提高审美品位。因此，在进行形体训练中，对于基本内容的确定应遵循以下原则。

(一) 循序渐进原则

在形体训练中，坚持循序渐进的训练方法不仅可以让锻炼达到最佳效果，而且不会因为训练方法的错误造成负面的影响。参加形体训练要有恰当的生理和心理负荷量。训练的效果如何，很大程度上取决于对运动的刺激强度，因为身体由弱变强，由丑变美，急于求成是办不到的。因此，在内部的选择上，要注意由少到多，动作节奏由慢到快，负荷由小到大，并根据实际情况循序渐进。

（二）培养良好形态原则

确定形体训练内容时，要以有效培养良好形态为准则，这是形体训练最基本的原则。

按照此原则，训练时对于形态控制效果好和具有实用意义的基本体操、基本功的训练，要在各训练段反复出现，逐步提高；对技术性较强的内容，既要考虑训练本身的技术体系，又要有利于良好形态的保持，特别是对发展形体素质有利的训练内容要坚持训练。

（三）理论与实践相接的原则

理论与实践相连接的原则是形体训练具体方法上的指导原则。形体训练以培养良好形态的身体练习为主要特征，但也必须重视形体训练基础知识的学习。学生只有初步掌握和确立良好形态的原理和方法，并运用人体相关的知识指导自己，以提高保持良好身体形态的能力，才能够在具体的训练中把每一个动作做到位，这样才会有锻炼效果，达到进行形体训练的目的。

（四）全面锻炼性原则

形体训练的目的是要使全身肌肉有弹性，发展匀称、丰满，内脏器官机能旺盛。在选择形体训练的内容时，只有坚持身体全面锻炼，然后再加练不足的部分，才能达到这一目的。

全面性原则需要做到的方法包括：力量与速度、耐力、协调、柔韧等素质练习相结合，促进身体素质的全面发展；动力性和静力性练习相结合；大肌肉群与小肌肉群相结合，促进全身肌肉群的匀称发展；负重练习与徒手练习相结合，促进身心协调发展；全身与局部的练习相结合，在全身练习时，又要针对身体某部位进行强化训练；在进行局部练习时，又要兼顾身体的全面发展；主动性部位运动与被动性部位运动相结合；无氧运动与有氧运动相结合，促进肌肉和心肺功能的协调发展。

(五) 科学针对性原则

各个年龄阶段进行形体训练的内容各有不同，特别是在人一生中身心发展的关键时刻，如青春期和青年期。在形体训练内容层次上应与学生年龄阶段的心理和生理发展的规律、身体素质、形态控制能力发展的现状和要求相适应。确定形体训练内容要注重系统性，逐步提高形体素质和技能要求，同时要注重形体科学发展的新内容。

(六) 内容的多样性原则

形体的身体素质练习是艰苦的，学生在训练时所感觉到的是吃苦和流汗，接下来的是疲劳，并且形体训练的目标也不是短时间内能够达到的。因此，只有坚持通过采用多种的形体训练内容和方法进行训练，充分调动和激发学生的兴趣，培养其积极主动地参与心理，才能影响良好身体形态的确立和保持。

(七) 思想性原则

一般来说，形体训练是想拥有优美的身姿、良好的体态。形体训练的确也能帮助学生达到目的，但这需要长时间地、规律地、科学地进行形体训练。对于形体训练，不仅要有长期练习的思想准备，而且要有良好的心态。因此，思想性原则是很重要的，可以说，必然是坚持形体训练的首要原则。

第二节　形体训练的保证体系

一、形体健美与营养补充

(一) 人体运动健身的营养基础

1. 营养素

营养素是指能在体内消化吸收，具有供给热能、构成肌体组织和调节生理功能，为肌体进行正常物质代谢所必需的物质。

人体必需的营养素有40多种，按其化学组成和生理功能可分为蛋白质、脂肪、糖类、无机盐、维生素和水，不同营养素在人体内各有不同的功能。

（1）糖

糖由碳、氢、氧三种元素组成，其中氢和氧原子数之比正好是2∶1，与水相同，故习惯上把糖称为碳水化合物。

糖按其分子结构的繁简可分为单糖，如葡萄糖、果糖就是单糖；双糖，如蔗糖、麦芽糖就是双糖；多糖，如淀粉、纤维素与果胶就是多糖。除纤维素和果胶外，其他糖类都可被人体吸收利用，其功用也基本相同。

①糖类的生理功能。第一，提供能量。这是糖类在体内最重要的生理功能，心脏的活动主要靠糖原氧化和磷酸葡萄糖供给能量；肌肉中的糖原是肌肉活动最有效的能量来源；血中葡萄糖是供给神经系统能量的唯一来源，当血糖降低时，会出现昏迷、休克甚至死亡。第二，保护肝脏。糖和蛋白质结合成糖蛋白，保持蛋白质在肝脏内的储备；糖可以增加肝糖原的存储，维护和加强肝脏功能；葡糖醛酸直接参与肝脏的解毒功能。第三，构成细胞和神经的主要成分。所有的细胞核和神经组织中都含有糖类，生物遗传物质基础的脱氧核糖核酸就含有核糖。第四，促进蛋白质的吸收和利用。糖对于蛋白质在体内的代谢过程有着重要作用，当糖和蛋白质同时食用时，有利于氨基酸的活化以及蛋白质的合成，此种作用即为糖节约蛋白质的作用。第五，抗生酮作用。脂肪在体内氧化靠糖类供给能量，如果糖类供给不足，脂肪就氧化不全，即产生酮体。酮体在体内积存过多，可以引起酸中毒，所以糖类有抗生酮作用。

②糖类的食物来源。人体对糖类的需要量和对脂肪的需要量相同，以提供能量的百分比表示，也和饮食习惯、生活水平以及劳动性质等因素相关。中国营养学会建议，除了2岁以下的婴儿外，糖类的适宜摄入量应占总能量的55％～65％。糖类在自然界分布很广，主要来源于薯类和谷类。薯类含量为15％～29％，谷类含量为40％～70％。

③糖和运动消耗。糖类是运动中的主要能量来源，在能量代谢中作用十分重要，对人体运动能力有很大影响。人体内糖的主要储备形式是糖原，肌糖原约350克，可供给5859.7焦热能；血糖总量约20克，可提供334.84千焦热能；肝糖原约70～90克，可提供1171.94～1506.78千焦热能。

糖是运动中的重要能源物质。运动时肌肉的摄糖量是安静时的20倍以上。体内的糖原储量和运动能力成正比关系。运动前和运动中合理的补充糖，可以减少糖原消耗，提高血糖水平，有利于提高运动能力。运动后补充糖能够促进糖原储备的恢复。研究证明，运动后立即摄入果糖对恢复肝糖原数量的效果较好，葡萄糖和蔗糖可以使肌糖原储备在24小时后保持较高的水平。

(2) 脂类

脂类包括脂肪和类脂，主要是由碳、氢、氧三种元素组成的，有的类脂质还含有磷、硫、氮。脂类中的脂肪指的是中性脂肪，因为人体内的脂类绝大部分（95%左右）是以中性脂肪形式储存于脂肪组织内，这一部分脂肪称为储脂，多分布于皮下、腹腔、肌纤维间，因其受营养状况和肌体活动的影响而增减，所以又称之为可变脂或者动脂，类脂也称定脂，包括磷脂和胆固醇类，是组织结构的组成成分，约占总脂的5%，含量比较稳定，一般不受营养状况和肌体活动的影响。

脂肪酸是构成脂肪和类脂的基本成分，它的种类很多，如果按分子的结构可以将其分为饱和脂肪酸和不饱和脂肪酸两类。有几种不饱和脂肪酸是肌体不可缺少的营养物质，但在体内又不能合成，而必须由食物供给，称为必需脂肪酸（主要有亚麻油酸和亚油酸）。

①脂类的生理功能。脂肪的生理功能包括：第一，提供能量。脂肪是产能量最高的一种热源质，脂肪在体内氧化所产生的能量是糖类和蛋白质的1.25倍。脂肪占用空间小，可大量储存在腹腔空隙、皮下等处，是储存能量的“燃料库”。人在饥饿时首先动用体脂来避免体内蛋白质的消耗。骆驼、冬眠动物等都是靠体脂来维持不进食期间的生存的。第二，保护脏器。脂肪可以阻止身体表面的散热，是热的不良导体。脂肪

作为填充衬垫、支持和保护固定体内各种脏器和关节。避免机械摩擦和移位，使足底、手掌、臂部等更好地承受压力。第三，作为脂溶性维生素的溶剂促进它们的吸收。第四，提高膳食感观性状。第五，脂肪在胃内停留时间较长，增加的饱腹感。

类脂的生理功能可以构成身体组织和一些重要生理物质。它可以和蛋白质结合形成脂蛋白，维持细胞和细胞器的正常形态和功能。胆固醇也是细胞膜和细胞器膜的重要组成部分，关系到膜的通透性。胆固醇在体内可以转化成各种肾上腺皮质激素。

必需脂肪酸的生理功能是保护视力，构成线粒体和细胞膜的重要组成部分，合成前列腺素的前体，参与胆固醇代谢。

②脂类的需要量及膳食来源。脂肪的需要量变动范围较大，受饮食习惯、气候、季节的影响，脂肪在体内供给的能量也可由糖类来供给。研究表明，满足人体需要的脂肪量是很低的，研究结果还难以确定人体脂肪的最低需要量。但随着人们生活水平的不断提高，人们膳食中动物性食品的数量不断增多，脂肪的摄入量也随之增加。由于脂肪摄入量过多而引发的各种疾病也随之增多，有的甚至影响到人的生命，因此应限制脂肪的摄入量。

中国营养学会推荐，儿童和青少年脂肪提供的能量应占总能量的25%～30%，成年和老年占20%～30%。动脉粥样硬化的形成，主要与胆固醇摄入量有关，因此，膳食胆固醇的摄入量不宜过高。

脂肪的食物来源主要是植物油，油料作物种子以及动物性食物，胆固醇只存在动物性食物中，一般瘦肉的胆固醇和鱼类的差不多。

③脂肪和运动。在氧气充足的情况下，脂肪是长时间运动的主要能源。一般是在运动强度小于最大耗氧量55%时，脂肪酸才能氧化供能。有氧运动可以使体内三酰甘油和低密度脂蛋白胆固醇减少，而高密度脂蛋白胆固醇增多，这对防治动脉硬化及冠心病等有良好的作用。

此外，有氧运动促使脂肪组织中的脂肪酸游离出来参与供能以及运动造成的肌体热量负平衡，都有助于减少体内脂肪。训练水平和氧化脂肪的能力有关，通过耐力训练，可以改善体内脂肪代谢酶的活性，从而有效提高氧化脂肪的能力。

(3) 蛋白质

蛋白质是生命的物质基础，有蛋白质才有生命存在。它是由氨基酸组成的高分子化合物。主要是由碳、氢、氧、氮四种元素构成的，氨基酸是身体用来组建蛋白质的基本单元。食物中的氨基酸有 20 多种，其中有一部分在体内不能合成或者合成速度很慢，不能满足肌体的需要，必须由食物来供给，成为“必需氨基酸”。对于成年人和儿童来说，“必需氨基酸”分别为八种和九种，其他氨基酸可以在体内合成，称为“非必需氨基酸”。“非必需氨基酸”和“必需氨基酸”都是人体需要的，二者的生理功能不同，只有保持适当比例，才能够提高利用率。

①蛋白质的生理功能。第一，提供能量。蛋白质的主要功能不是提供能量，但当糖和脂肪供给的热量不足或者摄入的氨基酸过多而超过体内需要时，蛋白质能为身体提供能量。此外，体内的蛋白质更新分解代谢中也能放出能量。第二，构成具有免疫作用的抗体。具有免疫作用的抗体就是一类球蛋白，在体内可和病原体（即抗原）起免疫反应，从而保护肌体免受病毒和细菌的侵害，提高肌体的抵抗力。第三，构成与修补肌体组织。蛋白质是供给肌体生长发育，更新衰老的组织与修补组织损伤的材料，它占细胞内固体的 80%以上，人体的一切细胞组织都是由蛋白质参与组成的。第四，构成酶与激素的成分。蛋白质是许多具有生理功能的物质的主要组成成分。酶本身就是蛋白质，酶在正常体温的情况下，广泛参与人体各种各样的生命活动，如血液循环、肌肉收缩、呼吸消化、神经传导、感觉功能、信息加工、能量转化、遗传素质、生长发育和繁殖以及各种思维活动。另外，对代谢过程具有调节过程的激素承担氧运输的血红蛋白、进行肌肉收缩的肌动、肌球蛋白和构成肌体支架的胶原蛋白等本身都是蛋白质。

②蛋白质的需要量及食物来源。蛋白质在体内的储存量非常小，营

养充分时可以储存少量，约为1%，而体内的蛋白质每天有3%要更新，其中部分来自体内蛋白质分解后重新合成，部分则需要从食物中摄取。因此，只有每天供给一定量的蛋白质，才能满足肌体的需要。

蛋白质的供给量受两方面因素的影响，即人体的生理状况和蛋白质的质量。我国目前的膳食构成还以植物性食物为主，它的生物价较低。成年人的供给量为每日体重1～1.5克/千克。蛋白质供给的热量应占一日膳食总热能的10%～14%，成人为10%～12%，儿童为12%～14%。

蛋白质含量多的食物有瘦肉、肝、蛋、大豆及其制品；含量中等的食物有米、面等谷类；蛋白质含量较少的有蔬菜和水果等。

③蛋白质和运动。影响人体运动能力的许多体内因素都和蛋白质有着密切的关系。如肌肉收缩、氧的运输和储存，物质代谢和生理机能的调节等。体育运动使机体内蛋白质代谢发生变化，而不同性质运动的作用又有所差异。力量性运动使蛋白质分解能力加强的同时，活动肌群蛋白质的合成也有所增加，并且大于分解的速度，因而肌肉壮大。耐力性运动使蛋白质分解加强，合成速度减慢，肌体尿氮和汗氮排除量增加。

运动员的蛋白质供给量比一般人高，儿童运动员为3～3.4克/千克体重，少年运动员为2～3克/千克体重，成年运动员为1.8～2克/千克体重。运动员的蛋白质供热量可为一日总热量的15%～20%，蛋白质来源中有1/3优质蛋白质。

（4）无机盐

无机盐也称矿物质，它包括除碳、氢、氧、氮以外的存在于人体内的其他各种元素。

各种无机盐总量约占体重的5%。无机元素与其他有机的营养物质不同，它不能在人体内合成，除了排出体外，也不会在代谢过程中消失。

含量较多的无机盐有钙、镁、钾、钠、磷、硫和氯七种元素，其他元素如铁、铜、锌、氟等存在数量很少，有的只微量存在，故称之为微量元素。

①无机盐的生理作用。无机盐作为人体组织的组成部分，如硫、磷参与蛋白质的组成；钙、镁参与骨骼、牙齿的组成；参与酶和激素等活性物质的组成；是体液的重要成分，通过渗透压调节水分的储存和流动；完成某些特殊功能，如铁参与血红蛋白的构成对输送氧起重要作用；是生物产生电生理的物质基础；维持神经、肌肉兴奋性；维护肌体酸碱平衡。

②较易缺乏或者对运动员有特殊意义的几种矿物质。成年人体内的含钙量约为 12 000 克，其中 95%存在于骨骼和牙齿中，其余在体液和软组织中，成年人骨骼中钙有 700 毫克需要进行更新，年龄越小，更新速度越快。因此，钙是较易缺乏的一种矿物质，钙能够增固骨骼和牙齿，维持正常的心肌活动和神经系统的功能。成年人的供给量为 0.6 克/天，儿童、少年、孕妇以及老年人的供给量应较高，每天为 0.8～1.5 克。含钙较多的食物有奶及其制品，绿叶蔬菜、豆类、虾皮、海带等。磷广泛存在于各类植物性和动物性食物中，具有帮助肌体吸收其他的营养素的功能。如果人体摄入了足够量的蛋白质和钙，磷的需要量也会得到满足，从事耐力和力量性项目运动的人应适当提高磷的供给量。铁在体内起着运载氧的作用，它与蛋白质一起构成血红蛋白。运动员在缺氧、创伤等情况下应增加铁的供应量。肝脏含铁最多，吸收率最高，豆类、瘦肉、蛋类、绿色蔬菜等含铁量也较多。锌来源于动物性蛋白质，具有维持正常的细胞修复、再生和生长等机能，运动员缺锌可使机能降低、运动成绩下降。镁是常量元素中体内含量和需要量最少的，它具有维持正常的肌肉和神经系统的功能，一般不会缺乏。但是运动时出的汗中失镁较多，应增加镁的供给量。植物性食物全粉谷物、蔬菜、豆类及海产品都有很高含量。钾和钠具有维持体内的水分平衡和肌肉的正常机能的功能。大部分食物富含钾，橘子、香蕉、土豆等都是丰富的钾源；食盐是丰富的钠源。几乎所有的食物都含钠。在天热、运动等大量出汗的情况

下，肌体从汗中失钠较多，需要额外补充。排汗 1 升，就需补钠约 3 克，在大量出汗后，如果只补水而不补充钠，会引起低血钠症，对人体机能有不良影响。

③矿物质和运动。人体在物质代谢的过程中每天会有一定量的矿物质排出体外，因而必须从食物中得到补充，以保持体内的动态平衡。如果不能得到满足，体内的代谢和生理机能就会受到影响，甚至发生疾病。但摄入过多也会对人体构成伤害，因此必须适量。人体所需的矿物质，多数在正常膳食下都能得到满足。

(5) 维生素

维生素是维持身体健康所必需的一类有机化合物，是人类食物中不可缺少的物质。维生素能加速体内正常生化反应的进行，人体不能自身合成维生素，维生素自身也不提供能量，必须由外界的食物提供。维生素由碳、氢、氧等元素所组成。

①维生素的特点。第一，多样性。维生素的种类很多，来源也很多，目前已知的有 30 多种，对人体的作用也各不相同。第二，外源性。维生素的外源性是指在人类自身体内无法合成，只有从食物中获得维生素。第三，特异性。特异性是指如果缺乏维生素往往会产生特异的病症。如缺乏维生素 A 会产生眼干燥症和夜盲症，缺乏维生素 C 会产生维生素 C 缺乏病。一些不能再生的组织（如神经组织、角膜、钙化的骨）一旦出现维生素缺乏症，其遭到损害的后果无法弥补。所以提示人们应注意经常从食物中获取各种足够的维生素。第四，微量性。微量性是指维生素在饮食中所占的比例只有十万分之几，但它的确是维持生命所必不可少的要素。

各种食物所含有的维生素种类和数量的差异很大，而且有的维生素性质很不稳定，容易在食物加工和烹调过程中受到破坏。因此，合理地选择食物，正确地加工和烹调，对保证人体获得必要的维生素很重要。当膳食中维生素长期不足时，可能会引起代谢紊乱或者维生素缺乏症。

②维生素和运动。维生素对人体的运动非常重要，各种维生素都参与体内物质代谢和能量转换，调节广泛的生理和生化过程，维持肌体的正常活动。

(6) 水

水是人体重要组成部分和不可缺少的营养物质，占成人体重的50%～70%。水是良好的溶剂，它参与肌体内的代谢过程，水的比热大，保持体温稳定；水在体内形成体液循环，保证物质的运输；肌体的各种腺体的分泌物均是液体。

人体的需水量取决于排水量。成年人每日每千克体重供水40毫升为宜。在高温、运动等出汗多的时候，供水量应相应增加。体内缺水不仅影响人的正常生理功能，严重时甚至危及生命。水是人体内含量最多的组成成分，它约占成人体重的2/3。

①水的生理功能。水是细胞和体液的重要成分，参与体内许多代谢过程；参与维持体温的恒定，通过皮肤排汗、蒸发，使体温下降；起润滑剂的作用；维持脏器的形态和机能等。

②水的来源。体内水的来源包括食物中含有的水分，直接饮入的液体以及蛋白质、脂肪和糖在体内代谢产生的水分。

③人体水的供给情况。水的供给量随年龄、体重、气候及劳动（或运动）强度而异，正常成人每日需水2000～2500毫升，不同年龄每日需水量不同。

一般情况下，水的出入量是平衡的，体内不能储存多余的水分，也不能缺水。若摄入水分不足，或因出汗、腹泻等排出水分过多，会使肌体失水，影响人体的生理功能。

2. 合理营养与健康膳食

(1) 什么是健康膳食

健康膳食又称平衡膳食，指膳食中所含营养素种类齐全，数量充足，比例适当，能满足肌体生理、生活、劳动等活动对营养的需要。平衡的膳食不仅表现为由多种食物构成，能提供足够的热能和各种营养素，满足人体正常生理的需要，而且还表现为保持各种营养素之间数量的平衡，以利于消化和吸收。

（2）健康膳食的基本原则

①食物多样、谷类为主。人类的食物是多种多样的，各种食物所含的营养成分不完全相同。除母乳外，任何一种天然食物都不能提供人体所需的全部营养素。平衡膳食必须由多种食物组成，才能满足人体各种营养素的需要，达到合理营养、促进健康的目的。因而要提倡人们广泛食用多种食物。

随着经济的发展，人们生活状况的改善，人们更倾向于食用更多的动物性食物。提出谷类为主是为了提醒人们保持中国人膳食的良好传统。另外要注意粗细搭配，经常吃一些粗粮、杂粮等。稻米、小麦不要碾磨太精，否则谷粒表层所含的矿物质、维生素等营养素和膳食纤维会大部分流失到糠麸之中。

②经常吃适量的鱼、禽、蛋、瘦肉，少吃肥肉和荤油鱼、禽、蛋、瘦肉等动物性食物是脂溶性维生素、优质蛋白质和矿物质的良好来源。动物性蛋白质的氨基酸组成更适合人体的需要，且赖氨酸含量较高，有利于补充植物性蛋白质中赖氨酸的不足。肉类中铁的利用较好，鱼类特别是海产鱼所含的不饱和脂肪酸有降低血脂和防止血栓形成的作用。动物肝脏含维生素 A 极为丰富，还富含叶酸、维生素 B_2 等。

③每天吃奶类、豆类或其制品。奶类是天然钙质的极好来源，它除含丰富的优质蛋白质和维生素外，含钙量也较高，且利用率也很高。我国居民膳食提供的钙质普遍偏低，平均只达到推荐供给量的一半左右。给儿童、青少年补钙可以提高其骨密度，从而延缓其发生骨质丢失的速度。

④多吃蔬菜、水果和薯类。蔬菜和水果中含有丰富的矿物质、维生素和膳食纤维。红、黄、绿等深色蔬菜中维生素含量超过浅色蔬菜和一般水果。它们是胡萝卜素、维生素 B_2、维生素 C 和叶酸、矿物质（钙、磷、钾、镁、铁）、膳食纤维和天然抗氧化物的主要或者重要来源。

含有丰富水果、蔬菜和薯类的膳食，对增强抗病能力、保持心血管健康、减少儿童发生眼干燥症的危险及预防某些癌症等方面都有非常重要的作用。

⑤食量与体力活动要平衡，保持适宜体重。第一，确定身体需要的食物。平衡膳食宝塔建议每人每日各类食物适宜摄入量范围适用于一般的健康成人，应用时要根据性别、年龄、身高、体重、劳动强度、季节等情况适当调整。老年人、活动少的人需要的能量少，可以少吃些主食；而年轻人、劳动强度大的人需要能量高，应适当增加主食。不参加劳动的老年人可以参照低热量（7 531 千焦，即 1 800 千卡）膳食来安排；从事轻微体力劳动的成年男子，可参照中等热量（10 041 千焦，即 2 400 千卡）膳食来安排进食量；从事中等强度体力劳动者如卡车司机、钳工和一般农田劳动者可以参照高热量（11 715 千焦，即 2 800 千卡）膳食进行安排。女性一般比男性的食量小，因为女性体重较轻及身体构成和男性不同。女性需要的热量往往比从事同等劳动的男性低 836.8 千焦（200 千卡）或者更多些。一般来说人们的进食量可自动调节，当一个人的食欲得到满足时，其对热量的需要也就会得到满足。平衡膳食宝塔建议的各类食物摄入量是一个平均值和比例。每日膳食中应当包含宝塔中的各类食物，各类食物的比例也应基本与膳食宝塔一致，遵循宝塔各层各类食物的大体比例。第二，合理分配三餐。三餐要合理分配。早、午、晚餐应分别占一天总热量的 30%、40%和 30%。随着人们生活节奏的加快，越来越多的居民不重视早餐。其原因有时间问题，但更重要的还是习惯问题。没有一个合理的早餐，上午就会饥肠辘辘，并易发生低血糖反应，如头晕、乏力、眼花、心慌、记忆力下降等，影响上午的学习和工作效率。科学的早餐搭配应该是：1 个鸡蛋＋1 杯牛奶（加一点麦片更好）＋2 两主食＋1 碟小菜（凉拌新鲜蔬菜）。早餐喝粥也是一种比较合理的选择，并且符合人体的消化规律。但从增加钙元素的角度出发，早餐最好增加牛奶的摄入量。鸡蛋最好煮食，避免煎食，应适当控制油炸食物的食量，如油条等。这是因为食物经油炸后其营养成分被破坏，也不易于消化吸收。如果以肉代替鸡蛋，摄入量以 25～30 克

为宜。午餐多为快餐，但是也应该搭配合理。大吃大喝会造成胃肠负担过重，血液过多地分配到内脏，也会影响下午的学习和工作效率。晚餐要适量，尽量不要吃得过饱而增加胃的压力。

⑥吃清淡少盐的膳食。清淡的膳食即不要太咸，不要太油腻，不要过多的动物性食物和油炸、烟熏食物，清淡的膳食有利于健康。高血压的发病率和食盐的摄入量呈明显的正相关。

⑦饮酒应限量。在节假日、喜庆和交际的场合人们往往喜欢饮酒。高度酒含热量高，不含其他营养素。无节制地饮酒，会使食物摄入减少，食欲下降，以致缺乏多种营养素，严重时还会造成酒精性肝硬化。过量饮酒会增加患中风、高血压等疾病的危险，并可导致事故及暴力事件的发生，对个人健康和社会安定都是有害的。

⑧吃清洁卫生、未变质的食物。在选购食物时应当选择外观好，没有杂质、污染和变色、变味，并符合卫生标准的食物。进餐要注意卫生条件，包括餐具、进餐环境和供餐者的健康卫生状况。集体用餐要提倡分餐制，减少疾病传染的机会。

（3）各种食物的营养价值

①谷物类。谷物类是大米、面粉、玉米粉、小麦、高粱等的总称。它们是膳食中热量的主要来源，在农村也往往是膳食中蛋白质的主要来源。多种谷物类掺着吃比单吃好，特别是以玉米或者高粱为主要食物时，应当更重视搭配一些其他的谷类或者豆类食物。加工的谷类食品，如烙饼、面包、切面等应折合成相当的面粉量来计算。

②蔬菜、水果类。蔬菜和水果经常放在一起，因为它们有许多共性。但蔬菜和水果终究是两类食物，不能完全相互替代，各有优势。尤其是儿童，不可只吃水果不吃蔬菜。蔬菜、水果的重量按市售鲜重计算。一般说来，红、绿、黄色较深的蔬菜和深黄水果含营养素比较丰富，所以应多选用深色的蔬菜和水果食用。

③鱼、肉、蛋类。鱼、肉、蛋归为一类，主要是因为它们都提供动物性蛋白质和一些重要的维生素、矿物质，但它们彼此间也有明显区

别。鱼虾及其他水产品含脂肪很低，有条件可以多吃一些。这类食物的重量是按购买时的鲜重计算的。肉类包含禽肉、畜肉及内脏，重量是按屠宰清洗后的重量来计算的。

④奶类及豆类食物。奶类及其奶制品主要包含鲜牛奶和奶粉。膳食塔建议的 100 克按蛋白质和钙的含量来折合，约相当于鲜奶 200 克或者奶粉 28 克。中国居民膳食中普遍缺钙，奶类应是首选的补钙食物，很难用其他食物代替。有些人饮奶后有不同程度的肠胃道不适，可以试用酸奶或者其他奶制品。豆类及豆制品包括许多品种，宝塔建议的 50 克是平均值，根据其提供的蛋白质可折合为大豆 400 克或者豆腐干 80 克等。

形体学生通常应该选择含脂肪量较少的低血糖指数食物，如全麦面包、面条、米饭、蔬菜、水果，而高血糖指数食物，如土豆等应该和低血糖指数食物搭配。在进行较大负荷的形体训练运动后可以适当多补充一些高血糖指数食物。具体来说，为健康着想应少食富含饱和脂肪酸的食物及甜食，适当多摄入水果、蔬菜、豆类及豆制品、海产品。

（4）合理营养的作用

①合理的营养有益于智力发育。中枢神经系统和大脑的发育与营养的关系更为密切，营养能为神经细胞和脑细胞合成各种重要成分提供所需要的物质，有益于智力发育。

成年人如果营养不良会导致记忆力的衰退。为了维持脑的正常功能，成年人尤其是脑力劳动者应保证有足够的营养。而对于高校学生来说，更要有合理的营养。高校学生多处于青少年时期，大脑发育已经接近成年人，但并不是和成年人一样，特别是他们正处于学习知识的时候，有很大强度的脑力劳动，合理的营养对他们来说尤为重要。

②合理的营养有益于肌体发育。身体在持续不断地进行着自身结构的更新，每天都会造出一些新的肌肉、骨骼、皮肤和血液，用以代替旧的组织。

③合理的营养可减少疾病。合理的营养摄入应该能制造并维持强健

的肌肉、完好的骨骼、健康的皮肤和充足的血液，也就是说食物不仅要提供能量，还要包含充足的营养素，即足够的水、糖类、脂肪、蛋白质、维生素和矿物质。所以说要精心选择、搭配食物，以提供充足的能量和各种营养素。

(5) 培养良好的膳食习惯

①按时进餐。如果经常按时吃饭，人体消化系统会形成条件反射，到固定的时间胃酸的分泌就会增强，在这个时候用餐有利于食物的充分消化，而且不容易得胃病。到点就吃饭也有助于避免用餐无常。

②重视早餐。很多人有不吃早餐的毛病，多半原因是前一天睡得晚，早上起得晚，没有时间吃早餐造成的。其实，早餐应该吃进全天所需营养的30%～35%，也就是人们常说的“早餐要吃好”，这样，人一上午乃至全天都会精力旺盛，工作和学习的效率都会提高。

③饭前饭后半小时不喝水。在人的一生中，胃要消耗100多吨的食物。所以要善待自己的胃，在饮食过程中要记住饭前饭后半小时不喝水，这样才能保持胃酸的有效工作浓度，保证人体的正常消化吸收，这对人类的健康极为有利。

④吃饭要吃八分饱。人吃多少饭，一般都是跟着感觉走，感觉吃不下了，才放下筷子。但是人的胃部感觉常常是滞后的，胃在接受了足够的食物时，并不能把信号迅速地上传到大脑，一般要延时5～10分钟，因为血液在胃部的充分集中需要一定的时间。吃饭八分饱带来的不仅仅是更高的工作效率（由于血没有更多地滞留在胃部，大脑供氧从容，工作学习更有效率），还可能是更标准的体型和更长的寿命。

(6) 制订合理的膳食营养计划

①了解并确定每天的能量需求。能量平衡是膳食计划的首要问题，能量是人体维持基本生命活动和进行各种体力活动所必需的，每个人因为性别、年龄、运动强度、生理状态的不同，能量需求也不同。如果人体摄入的热量不足，肌体就会动用自身的能量储备甚至消耗自身的组织以满足生命活动能量的需要。

②了解并确定三大产热营养素的量。产热系数是指每克糖、蛋白质、脂肪在体内氧化所产生的热量值，食物中每克糖提供16.7千焦（4千卡）的热量，每克蛋白质也提供16.7千焦（4千卡）的热量，每克脂肪提供37.7千焦（9千卡）的热量。

③热量分配要合理。人体所需热量的三大产热营养素是糖、蛋白质、脂肪，不同人群三大营养素的供能比例是不同的。一般人群糖、蛋白质、脂肪的供能比例为60%～70%、12%～15%、20%～25%。健美人群为60%～65%、15%～20%、20%。而且早、中、晚三餐的热量分配也要合理，三餐热量摄入大致遵循3∶4∶3的比例，如果每天进餐5～6次，可以根据时间将加餐分别归入早、中、晚餐中进行计算。

（二）形体训练与营养补充

1. 形体训练对维生素的需求

（1）维生素A

维生素A又称为视黄醇。维生素A过量肌体会出现中毒症状，这是要注意的。

①基本营养功用。维生素A是细胞代谢的重要成分，有促进生长发育作用，缺乏可引起发育不良；是眼内感光物质视紫红质的重要成分，缺乏可引起夜盲症；可以维护上皮组织的健康，增加抵抗力，缺乏可引起上皮角化过度，导致皮肤干燥、脱屑、毛囊角化，儿童则可发生眼干燥症，甚至失明。

②肌体对维生素A需求。肌体对维生素A需求量是随体力消耗程度的增加而增加的。精神紧张度高的健美运动项目，夜间作业或在弱光下工作的人，长期发烧、腹泻或肝胆疾病患者，对其的需要量较大。长期接触消毒水的游泳健美运动也有较高需求量。

③维生素A的摄取来源。天然维生素A只存在于动物食物中，尤其是肝脏、蛋黄、乳制品和鱼肝油中。植物食物中的胡萝卜素可在体内转变为维生素A，但吸收率和生理效率较低。

（2）维生素 B_2

维生素 B_2 又称为核黄素。维生素 B_2 是最容易缺乏的维生素。

①基本营养功用。维生素 B_2 作为数种酶系统的重要辅基组成成分，可保证代谢的正常进行，促进生长，维护皮肤和黏膜的完整性；维生素 B_2 参与肌体蛋白质的合成代谢，对肌肉发育有特殊意义。

②维生素 B_2 的摄取来源。维生素 B_2 主要存在于动物内脏中，如肝、肾、心等内脏含有较为丰富的维生素 B_2。

牛奶及蛋类含维生素 B_2 也较多。坚果类食品的维生素 B_2 含量也不错，如核桃、栗子、松子、花生、瓜子等坚果类食物，能够比较好地为人体提供维生素 B_2。

（3）维生素 C（抗坏血酸）

维生素 C 又称为抗坏血酸。维生素 C 因为能够提高肌体应激能力，所以适量维生素 C 额外补充可改善运动状态。

①基本营养功用。维生素 C 可以构成胶原；促进铁和钙的更好利用；提高肌体免疫机能；有抗肿瘤作用；能提高运动能力，减轻疲劳。

②维生素 C 的摄取来源。维生素 C 主要存在于带酸味的水果和蔬菜中，如酸枣、猕猴桃、柑橘等。

2. 形体训练对微量元素的需求

（1）铁元素

铁是世界性缺乏率较高的营养素之一，运动人群中缺铁的发生率也很高，对人体机能和健康有较大影响，所以铁元素的营养补充是十分重要的。血红蛋白含量是评定铁营养状况的常用指标，定期检查，可做到早期发现，及时治疗。

①铁元素基本营养功用。铁元素是构成血红蛋白的主要原料，是细胞色素酶、过氧化酶以及肌红蛋白的组成成分，在组织呼吸、生物氧化过程中起十分重要的作用。

②血红蛋白与运动的关系。血红蛋白减少可使运动耐力降低，效果下降，运动后恢复时间延长；增加血红蛋白含量有利于提高运动效果。

③铁元素的摄取吸收情况。植物性食物中多为三价铁，吸收率多在10%以下。动物性食物的铁为血色素型铁，吸收率比植物性高，瘦肉和肝脏中铁的吸收率最高，为22%。肝脏含铁最多，吸收率最高。

④影响铁元素吸收的因素。充足的维生素C和蛋白质可促进铁的吸收；茶叶中的鞣酸可与铁结合，妨碍铁的吸收；膳食中脂肪过多也妨碍铁的吸收；必要时可通过铁强化食物和铁制剂补充铁，但必须慎重，因为过量的铁在体内积蓄对身体有害。

（2）锌元素

运动的人缺锌可使机能降低，影响运动效果。

①锌元素基本营养功用。锌元素是体内许多种酶的组成部分，在组织呼吸和蛋白质、脂肪、糖、核酸等代谢中有重要作用，对肌体生长发育有重要影响。参与唾液蛋白的合成。保护皮肤健康。

②锌元素的摄取来源。含锌较多的食物主要是带硬壳的食物，如牡蛎、核桃等，可以通过食用安全地吸收，也可通过锌强化食物和锌制剂补充锌，但须慎重，因过量摄入对人体有害。

（3）碘元素

①碘元素基本营养功用。碘元素能够构成甲状腺素。

②碘元素的摄取来源。碘在海带、紫菜等海产食物中含量较多。可以使用获取。现在的精制食用盐中加入了比较丰富的碘元素，是生活中获取碘的主要来源。

3．形体训练的营养消耗情况

（1）热能

常进行形体训练的人热能代谢快，特别是在形体训练的时候，学生的热能消耗比一般劳动强度者高很多，这主要是因为运动量的骤然增大和常伴有缺氧运动造成的。

（2）水

出汗有调节体热平衡的功效，而水的耗费是通过大量出汗实现的。

形体训练时出汗的多少与运动项目以及气温、热辐射强度、气压、温度、单位时间运动量及饮食中的含盐量有关。

（3）糖类

糖类是运动时热能的主要来源之一。它在形体训练中的利用程度决定了学生是否能具备良好的耐久力，从而顺利完成规定的运动强度，达到一个很好的运动效果，糖类易消化、耗氧少，代谢的产物主要是水和二氧化碳，在运动时会随时被排出，补充不及时，就会形成供需脱节，在没有及时补充而又继续运动的情况下，对糖类的大量需要只能来自体内贮备的糖原，从而造成糖原枯竭。

（4）蛋白质

处于形体训练运动状态下，学生体内蛋白质的分解和合成代谢增加，蛋白质的消耗自然大增。这是运动使器官肥大、酶活性提高、激素调节活跃造成的。

由于蛋白质食物的特动力作用强，蛋白过多可使肌体代谢率增高，并增加水分的需要量，所以运动前蛋白质摄入不宜过多。

（5）脂肪

脂肪是运动中热能的主要来源之一。在运动状态下，肌体对脂肪的利用显著增加，特别是在寒冷条件下的形体训练更是如此。

（6）维生素

在形体训练时，体内物质代谢过程加强，对维生素的需要量也会增加。

维生素的需要量与运动量、机能状态和营养水平有关。剧烈的形体训练可使维生素缺乏症提前发生或症状加重，并且由于学生对维生素缺乏的耐受力比正常人差，所以形体训练应补充维生素。

（7）矿物质和微量元素

在形体训练中，体内矿物质和微量元素的代谢均可能发生变化。运动量大时，尿中钾、磷和氯化钠排出量减少，而钙的排出量增加。如果学生对负荷的运动量适应，体内矿物质的变动幅度将降低。

了解这些形体训练时的营养消耗，在形体训练中就能科学地对自身的营养进行补充，这将有益于形体训练效果，更有益于学生的身体健康。

4. 形体训练后合理的营养补充

形体训练后的营养补充恢复不应该顺其自然，而应该主动积极地补充运动时所消耗的能量和营养，为今后的健身运动做好准备。

形体训练后合理的营养补充主要着重以下几方面。

（1）补充损失的水分

形体训练水分损失会使人体内大量的水分经出汗流失而导致脱水。流失体重的1%的水分，体温会升得高，使人比较容易疲劳；如损失体重的3%的水分，就会显著地影响运动的表现。

形体训练中，即使在运动中就已经补充了水分，但通常都会少于流失的水量。因此，在运动后绝大部分的人都处于不同程度的缺水状态，需要积极地补充水分。

（2）补充运动中消耗的糖原

糖原是运动时的主要能量来源之一，存在于肌肉和肝脏中。肌肉中的糖原只为肌肉细胞所用，而肝脏中的糖原则以葡萄糖的形式释放到血液中，供肌肉及身体其他器官所需。

形体训练中，当体内肝糖原的存量不足以应付运动时的所需时，是造成人体疲劳、运动表现降低、无法持续运动的原因之一。更重要的是若运动后体内肝糖原的存量显著降低，而又没有得到及时补充，人体在下一次形体训练时的状态也会因肝糖原不足而受到影响。

研究表明，运动后的2小时内，身体合成肝糖原的效率最高，而2小时后，则会恢复到平时的水准。因此，运动后应迅速地补充运动中体内消耗的肝糖原很有益于人体营养补充。

糖原的补充具体方法有：视需求情况，在长距离健美运动中提供适当的食物和饮料。在较激烈的如健身、塑体、极限类健美运动后的30分钟内，摄取含高碳水化合物的餐点。在恢复期进行运动时，对碳水化合物的需求将会增加。因此，每公斤体重每天需摄取8～10克的碳水化合物，以维持肌肉最佳的肌糖原储存量。依照自己的体重，每2小时供给50～100克的碳水化合物，直到恢复正常的饮食，每公斤体重约需1克的碳水化合物。肌肉受伤会影响体内肌糖原的储存量，因此，可于恢复期最初的24小时内，增加碳水化合物的摄取量。少量多餐可以帮助学生在减少肠胃不适的情况下获得较高的碳水化合物，而需要考虑摄取的总热量及胃肠是否舒适度。含营养密度高的碳水化合物食物及饮料，因其可以提供其他的营养素，因此，这类食品对于运动后的恢复过程是很重要的。含碳水化合物的饮料、运动营养补充品以及单糖类食物，可以为参与运动锻炼提供一个实际及综合的碳水化合物来源。

（3）补充因流汗而损失的电解质

汗液中主要的电解质是钠和氯离子，还有少量的钾和钙。

一般的形体训练后，会流失体内非常小部分的电解质，而体内的储存会自动释放到血液中，以维持电解质的恒定，这就不需要特别补充电解质。长时间的形体训练，或是在酷热的天气下连续剧烈运动数小时，则需要补充。而一些训练有素的学生，或是常在酷热天气下运动的人，其汗液中的电解质含量也会变得较少，所以，即使他们的流汗量和平常人一样多，其流失的电解质要比平常人少。

对电解质的补充。可以在运动后，以稀释的盐水或是含高钠的运动饮料来补充。但一些含有酒精或咖啡因的饮料，因会增加人体的排尿，不仅会降低人体内的水分，减少肝糖原的合成，而且还会影响受伤组织的复原，对形体训练后的恢复有非常大的副作用，所以并不是理想的电解质补充饮料，更不是理想的水分补充饮料。

（4）健美运动后饮食

健美运动后，通常会疲劳，为了尽快解除疲劳，很多人会买些鸡、鱼、肉、蛋等大吃一顿，以为这样可以补充营养，满足身体的需要。其实，形体训练后不宜吃这些食物，因为此时食用这些食品不但不利于解除疲劳，反而对身体有不良影响。

由于人类的食物可分为酸性食物和碱性食物，而判断食物的酸碱性，并非根据人们的味觉和食物溶于水中的化学性，而是根据食物进入人体后所生成的最终代谢物的酸碱性而定的。

通常钾、钠、钙、镁等金属元素，在体内代谢后生成碱性物质。能阻止血液向酸性方面转化的食物为碱性食物，如蔬菜、海带、西瓜等。酸味的水果，一般都为碱性食物而非酸性食物。而鸡、鱼、肉、蛋、糖等食品，味虽不酸，但却是酸性食物。

日常人的体液呈弱碱性。人在进行大多数的健美运动类项目锻炼后。之所以会感到肌肉、关节酸胀和精神疲乏，这个主要原因是运动时，人体内的糖、脂肪、蛋白质被大量分解，而在分解过程中，会不断地产生乳酸、磷酸等酸性物质，刺激人体组织器官，致使人感到肌肉、关节酸胀和精神疲乏。

如果健美运动感到疲劳后，单纯食用富含酸性物质的肉、蛋、鱼等食品，反而会使体液更加酸性化，不利于疲劳的解除。

形体训练感到疲劳后应该食用蔬菜、甘薯、柑橘、苹果之类的水果，由于它们的碱性作用，可以消除体内过剩的酸，降低尿的酸度，增加尿酸的溶解度，从而减少酸在膀胱中形成结石的可能性。

因此，人在进行形体训练后，应多吃一些碱性食物，如水果、蔬菜、豆制品等，以利于保持人体内酸碱度的基本平衡，保持人体健康，尽快消除运动带来的疲劳，而不宜吃鸡、鱼、蛋等食物。

(5) 补充维生素 E

维生素 E 能修补无氧运动中的肌肉损伤。从事的是高耗能、高爆发力，且需大量使用肌肉群的无氧运动，多吃一些维生素 E 能加快对无氧运动中受损的肌肉群的修复，有助于尽快从酸痛中恢复。

二、形体训练的生理负荷与自我监督

(一) 形体训练的生理负荷

由于每个人的体质不同，因而对运动量大小的适应能力也有所不同。在形体锻炼中，为了进行科学的锻炼，取得最佳的效果，只有适宜的负荷刺激，才能达到增强体质，改善形体的目的。一方面应避免运动过量所带来的疲劳对身体的伤害，另一方面应防止运动量不足而达不到锻炼的效果，因此，科学地确定适合自己身体情况的锻炼负荷是获得锻炼效果的前提。判断锻炼负荷的方法有以下两种。

1. 用锻炼时的心率确定运动负荷

心率在上述指标范围内属有氧运动，故称健身指标区。而百分比的指数越高，对身体的影响就越大，锻炼的效果就越明显。如果百分比指数超过上述范围则是无氧训练，对健身无益，但过低对身体又不起作用，只能是一般活动而已，因此，只有确定适合自己的负荷，才能收到锻炼效果。

2. 用锻炼时的感觉确定运动负荷

在锻炼中经常自测心率是很麻烦的。为此，瑞典生理学家冈奈尔·鲍格又设计出用运动感觉确定运动负荷的新方法。这种方法是用主观心理用力感觉等级表作为运动时心理负荷标志。该表自我感觉分为6～20级，并以RPE值乘以10为接近当时负荷者的心率水平。许多学者对运动试验时的RPE与各项客观检查指标，如心率、血乳酸、最大的吸氧量等做了比较，发现主观用力感觉和上述生理指标相关密切，RPE与心率之间的相关数为0.8～0.9，在进行形体锻炼也可参考。

(二) 形体训练的自我监督

自我监督是形体锻炼者在练习过程中，对自己健康状况和生理功能变化作连续地观察并定期记录。其目的在于评价锻炼结果，调整锻炼计划，防止过度疲劳和运动性损伤，更有利于提高健康水平。同时经常地自我监督对于增进信心，坚持科学锻炼，防止过量或不足，对提高锻炼效果和养成良好运动卫生习惯等都有重要意义。

1. 锻炼前的身体检查和自我评价

每个人的身体状况各异，因而对运动负荷的适应能力也有所不同。在形体训练中，一方面应避免运动负荷过大而造成身体不适应，另一方面也应注意运动负荷过小而达不到训练效果。因此，每位学生都应掌握判断运动负荷是否适度的方法，以便及时加以调整。

2. 练习前的准备活动与锻炼后的整理活动

(1) 参加形体训练每次1.5～2小时，每周练习的次数至少两次。

(2) 参加形体训练要有恰当的生理和心理负荷量，准备活动要安排得轻松自如，由弱到强适度练习，一般以10～15分钟为宜，使运动时的最大心率保持在最大运动强度的70%～80%最为合适。

(3) 锻炼前，应充分做好准备活动，特别要充分活动上下肢，且运动结束后的放松活动必不可少。

（4）避免饱餐或空腹时锻炼。一般在饭后2～4小时内锻炼为宜，锻炼前2小时内禁止吸烟、饮酒。

（5）进行器械练习时，要预防与器械接触部位的身体擦伤或皮下组织受损。

（6）使用器械锻炼时，应掌握正确的姿势，动作要有节奏，用力得当，否则对肌肉、骨骼、神经都会造成不良影响。

（7）要定期进行身体检查，按医生意见严格执行，以确保安全。

（8）根据自身的实际情况，控制好运动量和运动强度，并安排好锻炼计划。

3. 形体训练的运动强度和负荷控制

形体训练应以有氧运动为主，中等强度为宜，脉搏能反映运动负荷的大小及身体机能的状况。训练前应测出安静时的脉搏，并记录下来。训练结束后，迅速测出脉搏，再与安静心率对照。

如果训练后较长时间不能恢复到安静时的脉搏，或经过一个阶段的训练，安静时的脉搏频率反而增加，则说明运动负荷过大，肌体反应不良。

4. 注重合理的饮食搭配与睡眠

营养是保证身体正常能量供应的主要来源，是人类赖以生存的基本条件。营养状况的好坏直接影响人体的健康。参加训练后，只有及时摄取和补充适量的、必需的营养物质，才能保证人体健康和正常的活动能力。在社会物质比较丰富、科技水平日益提高的今天，怎样吃得更科学或更有益于健康，是当前人们关注的话题。有人将当前人们在饮食方面的追求，概括为“吃杂”“吃粗”“吃野”和“吃素”四大特点。从营养学角度来看，将这四大特点合理搭配，可能更符合人们对各种营养的需求。应保证正常身体发育和训练所需营养物质的质量，为形体训练提供物质保证。

休息是消除疲劳，使身心得到放松调整，迅速恢复精力的重要措施。休息的方法有很多种，除了睡眠以外，听音乐、看电视或进行适度的娱乐活动等都是可取的做法。多方面实验证明，睡眠对于精力的恢复比饮食更重要。因为运动时所消耗的精力可以在睡眠中得到补偿和修复，同时，神经系统和内脏器官也可以得到调整。因此，给自己制定一个兼顾学习、锻炼、休息的合理作息时间表尤为重要。

5. 形体训练动作与呼吸的协调配合

在用力时，或肢体伸展时用鼻子深深地吸气，在运动还原或肌肉放松时用口充分地呼吸，呼吸要深，要有节奏，练习时呼吸以自然为准，即呼吸与动作有节奏地协调配合。一般正常呼吸频率为12次/分钟～18次/分钟。如果锻炼后10分钟内还未恢复到正常值，说明运动负荷过大。

6. 自我感觉

自我感觉即身体感觉，它是人体功能状况，尤其是中枢神经系统功能状况的反映。身体健康的人总是精力充沛，活泼愉快的。但在患病或练习过度时，就会感到精神萎靡不振、软弱无力、倦怠或容易激动等。在进行记录时若精力充沛，活泼愉快，则可记为“良好”；若精神萎靡不振、软弱无力、倦怠或容易激动，则可记为“不好”；若精神状况一般，但又未出现上述不良现象，则可记为“平常”。

（1）运动的心情

运动的心情与精神状况是密切相关的，一个心情愉快，乐意参加练习的人，若出现对练习不感兴趣，表示冷淡或厌倦的情绪，则可能是练习方法不当或疲劳过度的表现，根据练习的心情分别记录为“很想运动”“愿意运动”“不想运动”“冷淡”或“厌倦”等。

（2）锻炼后的食欲

经过一个阶段的形体锻炼后，如果食欲良好说明运动量适宜；如果食欲减退，甚至厌食，说明疲劳过度需适当减少运动量，如果训练前后的食欲无变化，则可能是运动量不足，需进一步调整运动量：记录时应按实际情况填写“良好”“平常”“减退”或“厌食”等。

（3）排汗情况

发汗是人体蒸发散热的一种方式。运动时人体排汗量的多少，常与运动量、训练水平、饮水量、气温、空气湿度、风速及衣着有关。如果其他因素相同，人体的排汗量将随运动量的加大而增多，又随训练水平的提高而减少。当饮水量增加，气温增高，空气湿度加大时，排汗量也会相应增多。在适宜的外界条件及运动量下，若出现大量排汗，甚至发生夜间盗汗等反常现象，则可能是近期内运动量过大，或身体功能状况不良，健康状况下降的反映。记录时应根据排汗量的多少，填写为汗量“平常”“减小”“增多”“面部或汗衫上有盐迹”或“盗汗”等。

（4）锻炼后睡眠

睡眠是身体消除疲劳最基本的要素之一，它在消除疲劳中起着其他方法无法代替的作用。经常锻炼的人，运动宜适度，所产生的良好反应是入睡快，梦少，不易被轻微响声惊醒，晨起精神饱满；运动过量所产生的不良反应则是入睡慢，易醒，多梦，晨起仍感困乏，应当改变锻炼方法和减小运动量，记录时可分别写“良好”“一般”“入睡迟”“易醒”“多梦”“失眠”等。

（5）疲劳的判断

人体运动到一定的时候都会出现组织器官甚至整个肌体工作能力暂时下降的现象叫疲劳。疲劳是一种综合性的生理过程，特别是疲劳感，是一种保护性反应，这种保护性反应可使与肌体生命攸关的机能免于过度衰竭。因此，通过对疲劳程度外部表现的观察和自我感觉，是判断形体锻炼能否正常进行的一种方法。

运动性疲劳大体可分为肌肉疲劳、神经疲劳和内脏疲劳三类：肌肉疲劳时表现为肌力下降，肌肉收缩速度和放松速度减慢，收缩时间比正常时延长4～5倍，放松时间延长可达12倍，严重影响肌肉的快速、协调动作，肌肉出现僵硬、肿胀和疼痛，可能是由于负荷过重使肌纤维发生细小损伤，乳酸等代谢产物的积存和水分的积蓄等多种因素引起的；神经疲劳表现为大脑皮层功能下降，如反应迟钝、判断错误和注意力不集中等，此时大脑皮层其他部位以及下中枢功能亢进，膝反射发生改变，脑干及小脑功能低下，动作协调性受到破坏；内脏疲劳多表现为呼吸及心脏疲劳，呼吸肌疲劳使呼吸变浅、变快，气体交换能力下降。心脏疲劳时心电图发生变化。

疲劳的程度可分为轻度、中度和非常疲劳，一般情况下，可以通过学生的自我感觉（如疲乏、头痛、腿痛、心悸、恶心等）判断疲劳的程度，有时也可测定某些生理指标以作为判断疲劳程度的依据。

根据疲劳程度的标志，如果是轻度疲劳可继续练习；如果是中度疲劳，要适当减小运动量；如果是非常疲劳，则要完全停止一段时间的练习，必要时还需请医生治疗。

7. 自我监测

（1）测量脉搏的变化

正常成人安静时的脉搏频率为 100 次/分以下，锻炼前应测量脉搏频率，并记录下来以便对照。锻炼后应立即迅速测量脉搏，因这时脉搏频率变化较快，稍慢则测出的数据就不准确。在锻炼后，脉搏频率恢复到锻炼前的速度跟锻炼程度是相对应的，一般情况下，小强度锻炼后的脉搏频率为 130 次/分以下，在 10 分钟以内可恢复为锻炼前的脉搏频率。中强度锻炼后的脉搏频率为 130～160 次/分，在 10 分钟以内脉搏频率恢复到较锻炼前快 30 次/分以内。大强度锻炼后的脉搏频率为 160～200 次/分，在 10 分钟内脉搏频率恢复到较锻炼前快 50 次/分以内。

如果长时间不能恢复到锻炼前的脉搏频率，或经过一个阶段的锻炼，脉搏频率反而比锻炼前的正常值增加，则说明运动量过大，肌体反应不良，需要减少运动量。

另外一种测量方法，即在每天早晨醒来静卧床上时，测量脉搏频率并记录下来。如锻炼以后的每晨脉搏频率，比参加锻炼以前的每晨脉搏频率下降或不变，说明肌体反应良好；若比参加锻炼前的每晨脉搏增加，则说明运动量过大，肌体反应不良，需要减少运动量。

（2）测量血压的变化

锻炼前先测量一下血压并记录下来以便对照。正常成人安静时，收缩压为 90～130 毫米汞柱，舒张压为 60～90 毫米汞柱。血压的变化与锻炼的强度有关，一般情况下，小强度锻炼后，收缩压上升 20～30 毫米汞柱，舒张压下降 5～10 毫米汞柱，并可在锻炼后 5 分钟内恢复到锻炼前血压数值。中强度锻炼后，收缩压上升 30～40 毫米汞柱，舒张压下降 10～20 毫米汞柱，在锻炼后 30 分钟内恢复到锻炼前血压数值。大强度锻炼后，收缩压上升40～60毫米汞柱，舒张压下降20～40毫米汞柱，一般在锻炼后24小时内恢复到锻炼前的血压数值。若锻炼后收缩压上升明显，舒张压亦上升；或者收缩压上升不明显，甚至下降，而舒张压上升；或者恢复原血压数值的时间延长，这些都说明运动量过大，身体机能反应不良。另外在锻炼过程中，如果早晨血压比锻炼前高20%以上，或经常保持在140/90毫米汞柱以上，说明运动量过大，应酌情减少运动量。

(3) 体重变化

在自我监督中检查体重变化规律时，要注意年龄和性别的差异。当参加系统的锻炼后，体重变化可分为三个阶段。第一阶段的体重有逐渐下降的趋势，这是由于肌体失去过多的水分和脂肪。这个阶段一般持续3～4周，在此阶段内，体重一般下降2～3千克，对体型较胖或参加系统练习前活动较少者，体重下降的幅度还要大些。进入第二阶段时体重处于稳定，在此期间，运动后减轻的体重在1～2天内得到完全的恢复。这个阶段持续5～6周以上。进入第三阶段，肌肉等组织逐渐发达，体重有所增加并保持在一定的水平上。

在进行自我监测时，每周可测量体重1～2次，每次测量应在一天的同一时间内，最好是早晨进行。若条件允许，应做到空腹，排空大小便，少穿衣，以避免因条件不同出现误差。此外，还可测定运动前、后的体重变化，以观察运动时对肌体的影响。如果出现体重"进行性下降"，并伴有其他异常现象时，可能是过度训练或患有慢性消耗性疾病，应查明原因。

三、形体训练注意事项

(一) 锻炼前的身体检查和评定

锻炼一定要讲究科学，如果锻炼不科学，不但不会增进健康，反而会损害身体。那么如何才能科学有效地进行锻炼呢？专家建议，锻炼前一定要做身体检查和评定。因为每个人的身体条件都不同，要想获得最佳的健身效果，就要通过身体检查与评定结果，制定一套完全适合于自身的健身方法。

1. 身体成分的检查

身体成分的检查主要是检查人体脂肪含量和分布，主要是针对肥胖人，通过测定肥胖程度，确定是否需要减肥及制订减肥运动方案。

2. 生理机能的检查

生理机能的检查主要是了解目前身体各系统机能处在什么水平，为制订锻炼计划提供依据，还可以评定运动效果，检查运动后疲劳和恢复的程度。

这种检查通常以测量运动前后的血压、心率和肺活量等作为评定指标。

3. 身体形态的检查

身体形态的检查主要是了解自身身体形态生长发育的程度，了解需要做哪些改进，并经过一段训练后，对照检查效果。

这种检查常用的形态测量指标包括身高、体重、肩宽、坐高、腰围、臀围、上臂围、腿长等指数。

（二）重视锻炼前的准备活动

准备活动是在锻炼前进行的练习。通过准备活动可以使内脏器官逐渐地兴奋起来，克服内脏器官的生理惰性，使全身的肌肉、关节和韧带得到充分地活动，并使肌体尽快达到适宜的协调的运动状态，为正式锻炼做好机能上的动员和准备。只有这样，肌体在进入正式运动时，才能发挥更大的工作效率。

因此，一定要重视准备活动。做准备活动，要求轻松自如，由弱到强，根据每个人的具体情况，强弱适度，不求一律。准备活动的时间一般在 15 分钟左右，夏天可短些，冬天可长些，以自我感觉的好坏为准。如果感到身体轻松有力，关节灵活，全身发暖，微微出汗，那就说明准备活动已经很充分，可以开始正式锻炼了。

（三）坚持循序渐进的原则

形体锻炼可以改善体形，促进人体的生长发育，但身体由丑变美，由弱变强，但急于求成是办不到的，只有坚持循序渐进的原则，根据自己实际的体质体态条件，制订一个切实可行的锻炼计划，由慢到快，内容由少到多，由轻负荷到重负荷，经常锻炼，天天锻炼，才能促进机能的发展，改善体形，达到健美塑身的目的。从生理的角度来讲，只有循序渐进，经常坚持锻炼才能起到应有的锻炼效果。

（四）注意练习的强度

研究和实践表明，当运动强度达到学生最高心率的65％～85％时，锻炼的效果最佳。测定的方法为：最高心率＝220－年龄。例如，30岁的人最高心率为220－30＝190次/分，那么运动强度上限应为190×85％＝161.5次/分。不同季节、环境要有所区别，在气温较低的冬春季节，每次锻炼要出汗，而气温较高的夏秋则应以自身感到有疲劳感为度。以个人的健康状态和体力水准随时调整运动量，进行自我调节，量力而行，做到心中有数。当身体不适时，应暂停或者减小练习强度，切不可兴奋过度而损伤肌体，逐步学会自我控制。

（五）合理安排锻炼时间

锻炼者要根据自己的作息时间和生活规律合理安排锻炼时间。在每次进行锻炼时，应摸索符合自身锻炼的规律性，即在锻炼时能很快调动起肌体的兴奋性和锻炼后感到舒适为准，然后争取每次都在这个时候进行锻炼。定时进行锻炼，可以使肌体产生一系列适应性的变化，让身体各器官机能在锻炼时充分调动起来，以达到锻炼的最佳效果。在条件允许的情况下锻炼最好安排在下午4～6时，因为午饭2小时以后，食物经消化吸收，进入血液循环，对组织细胞的能量代谢起到化学刺激作用，这时人体产生的热量最高，有利于锻炼时能量代谢成倍增长的需要。另外人体生物钟一般也在此时使肌体处于最佳的运动状态，精力充沛，运动量可以加大。在进行锻炼后，人体需要充分的营养和休息。晚饭和晚上睡眠正是对体力消耗和疲劳肌体的一种及时补充和休息，同时也有利于肌肉的增长，巩固锻炼的效果。

一般来说，早上、白天和晚上都可以进行锻炼，每次1小时左右，每周练习的次数，可以根据各自的体质、学习、工作情况而定。饭前锻炼后要休息半个小时才能用餐，饭后最好要休息1个小时后再练习。晚上在临睡前1～2个小时结束练习，以免影响入睡而有碍第二天的正常事务。

进行的形体锻炼方法多样，有专门性器械、健身操、轻器械等不同的方法，各种锻炼方法的要求和目的不同，锻炼的时间间隔也有所不同。健身操主要为了加强身体各部位的协调性，改善形体，减少多余的脂肪，因此，一般以每天锻炼一次为好；器械性的一般情况是隔一天锻炼一次为好，因为休息一天，可对消除运动造成的肌体疲劳，补充肌体消耗的能量。

（六）运动量要适宜

形体锻炼总的原则是运动量要由低到高、由小到大，在保持一定的时间后，再大、中、小有节奏地调整处理。因此，要适宜地掌握运动量的大小，反映在动作方面，相应地要求在动作部位、力度、幅度、进程等和生理负荷能力保持一致。

（七）全面锻炼

形体训练的目的是要使全身肌肉有线条、有弹力，发展匀称丰满，内脏器官机能旺盛，要达到这一目的就要求必须进行全面的锻炼。只有进行全面锻炼，才能使身体各部分比例匀称而优美。就身体素质而言，在平时，学生往往对于柔韧性练习不够重视，其实柔韧练习可提高肌肉、肢体的活动度，使动作轻松自如。增强动作造型的韵律，使形体动作充满活力，因而每天坚持拉伸主要关节，直至微感酸痛为度。长期坚持，一定会使动作更美，体态更加轻盈。

（八）要有安全意识

锻炼者一定要有安全意识，要认识到做锻炼时会有意外损伤的事故发生，要对自己负责，因此，在锻炼时要注意以下几点。

第一，形体锻炼中的跑动、跳跃类动作居多，因此，要认识到正确的落地动作方法是防止扭伤或者拉伤（特别是足、踝关节）、保持动作到位的先决条件。

第二，重视练习时的着装，应尽量穿运动鞋、运动服，总原则是质地柔和、舒适、通气和吸汗性能良好。有利于身体自由活动。同时，要做到脱衣活动，穿衣休息，防止感冒时所穿的服装均保持清洁干燥，并符合季节要求，夏季排汗量较多，被汗水浸湿的衣裤要勤洗勤换，内衣内裤不宜过紧，以防在锻炼中擦伤会阴及臀部的皮肤。所穿的鞋要合脚，要经常刷洗，以保持清洁、干燥。

第三，在冬季锻炼要防止感冒，另外也要注意毛巾、脸盆、杯子等个人用具要经常开水烫洗，保持干净，防止传染病，切忌和他人合用。

第四，进行器械的形体练习，要养成使用护膝、护腕、护腰、半指手套等保护器材的良好习惯，从而避免损伤。

（九）注重睡眠和饮食搭配

饮食是人体健康、形体健美的基础，只有在形体锻炼的同时，根据自身形体健美的要求，依据各类食物的营养成分及所含热能，科学合理地制订锻炼计划，调整个人饮食结构，才能更好地达到形体健美的要求。

人体需要的营养有糖、蛋白质、脂肪、维生素、无机盐和水等，其中糖、脂肪、蛋白质是人体热能的三大来源。矿物质是构成体质和调节生理机能的重要物质，维生素是维持人体生命不可缺少的一类有机化合物，水则是肌体不可缺少的重要营养素，约占成年人体重的60%～70%。这些营养都来自人们日常所吃的食物，只要不偏食，就能从多种食物中摄取各种营养素，满足日常生活和锻炼所需要的营养要求。如果想把自己的体型塑造得更加健美，应参照几点饮食原则：少吃主食；多吃蔬菜、谷物及低脂肪制品，减少食肉；以低脂肪食品代替高脂肪食品；避免吃盐或者含盐食品；少喝酒；注意多吃原粒粮食；多吃健康食品，如坚果、黄豆芽、芝麻、新鲜的原始麦麸和麦芽、酸奶、新鲜水果和蔬菜等。当然也应重视睡眠质量，这样才能使身体得到充分的休息和恢复，以保证练习的正常进行。

（十）锻炼时要注意年龄和性别

在青少年时期，长骨正处于生长期，加强下肢骨的锻炼，可以增加高度和腿的长度，使人体的比例美观。女青年的健美锻炼和男青年的健美锻炼要有所区别。男青年要重视身体各部位的肌肉锻炼，促使肌肉发达；女青年则要重视胸部和腹背部肌肉的锻炼，促进胸部发育，减少腹部脂肪的堆积。到了青壮年时期，除了保持以上部位的锻炼外，男子还要加强力量的锻炼；女子要重点加强腰、腹和臀肌的锻炼。防止脂肪堆积，增强肌肉弹力。在青春期坚持锻炼，脂肪储存很少，皮肤保持较好的弹性，才能使青春健美持久。有病态或者身体有畸形缺陷的人，要及早进行医疗体疗相结合的矫正治疗。

（十一）注重形体训练动作和呼吸的协调配合

呼吸在形体训练中起着重要的作用。只有呼吸和动作的协调配合，才能使肌体摄取更多的氧气和排出更多的二氧化碳，从而增加肌肉力量，提高运动能力。如果在运动时呼吸和动作配合不好就容易造成气喘，人体便会缺氧，肌肉无力，很快出现疲劳的状态。

在进行练习时，一般应在用力时或者肢体伸展时，用鼻子深深地吸气，在运动还原或者肌肉放松时，用口充分地呼气，呼吸要深，要有节奏。一方面要强调呼吸在形体锻炼中的重要意义，另一方面又不能让学生过分注意自己的呼吸情况而分散他们的精力，有意强制地控制呼吸，反而打乱自然的呼吸节奏，影响呼吸与练习的配合，影响动作的协调性。因此，练习时呼吸以自然为准，这种自然呼吸实际上就是呼吸与动作有节奏地协调配合。但在做某些动作，如仰卧起坐、负重深蹲时，为了发力，有时需要憋气，这种情况多在用力前深深地吸气，然后随着用力程度的加强，使肺内气体借助呼吸肌和腹肌收缩而节制地用力呼气。

憋气可以反射性地使肌肉在短期内力量增大，这时腹内压和胸膜腔内压升高，胸廓和骨盆得到固定，为上下肢肌肉活动创造了稳定的专点，使肌体的力量增大。

（十二）重视锻炼后的整理活动

许多人在进行锻炼之后由于疲劳马上席地而坐。其实，这样做不仅对身体有害，而且会更加感到头晕恶心、胸闷气短，出现这种现象的主要原因是运动后没有做好整理运动。

运动后的整理活动是通过肌肉放松而有节律地收缩，改善肌肉的血液循环，使缺氧的感受和积聚的代谢产物迅速消散。它有助于缓解肌纤维痉挛并使吸氧量维持在一定的水平，有利于加快乳酸消除和偿还“氧债”，减轻疲劳，促进体力的恢复，使肌体由紧张状态转入轻松安静的状态。

在做运动后的整理活动时，应先慢跑，然后再做全身性的肌肉放松活动。整理活动的最佳强度约是锻炼强度的50%～60%，这样才有利于促使循环和呼吸功能保持一定的水平，加速代谢产物的消散。整理活动速度要逐步减慢，量要逐渐减小。活动时要结合深呼吸运动，以加大肺的通气量，提高气体交换，这对神经系统也有良好的调节作用。当自我感觉呼吸和心脏搏动稳定，不适的感觉消失，身体觉得轻松时就可以结束整理活动。

第三章 高校形体基本姿态训练

第一节 站姿训练

人体的基本姿态主要包括站姿、坐姿、行姿和蹲姿等，当这些基本姿态优雅、端庄地呈现在人们面前时，会给人们带来赏心悦目的美感。身体基本姿态训练是形体训练的基础，也是改善和提高人体形态控制能力的重要手段。身体姿态训练的动作难度不大，但做好却不容易。因此，学生应按照动作的具体要求，规范、严格地进行练习。

站姿是一种静态的身体姿态，也是其他动态姿态的基础和起点。俗话说“站有站相”，良好的站姿不仅能体现出一个人良好的精、气、神，还能衬托出一个人的自信和风度。同时，良好的站姿还可以帮助人们拉伸腿部肌肉，增强对身体重心的控制，从而提高身体的平衡能力，促进优美身体曲线的形成。

一、站姿的基本动作要领

站姿的总体要求是正直挺拔、舒展大方。其基本动作要领包括：

头正。面部朝向正前方，双目平视，嘴唇微闭，下颌微收，颈部挺直，表情平和自然。肩平。肩部微微放松下沉，稍向后展开，两肩平齐、舒展。臂垂。双臂放松，自然下垂于体侧，双手的虎口向前，手指自然弯曲。躯挺。后背正直，挺胸收腹，提臀，立腰。腿并。双腿膝盖夹紧，大腿内侧收紧。脚稳。正步站立，脚跟靠拢，脚尖并拢，身体重心落在两脚中间。

二、常用站姿训练

(一) 女士常用站姿训练

1. 丁字步站姿训练

训练动作：上身正直，头正目平，腰直肩平，挺胸收腹，双臂自然下垂，双手交叉置于腹前，贴于肚脐处，手指伸直但不外翘，双腿并拢，膝盖紧贴，双脚站成小丁字步，身体重心可落于两脚之间，也可以落于一只脚上。如果长时间站立，学生还可以通过转移两脚重心缓解疲劳。

2. 扇形步站姿训练

扇形步站姿也称小八字步站姿，其训练动作：双手交叉置于背后或握于腹前，双腿和脚跟并拢，脚尖分开约45°～60°，成小八字步，身体重心落于两脚之间。

(二) 男士常用站姿训练

1. 前腹分腿式站姿训练

训练动作：双手交叉置于腹前，右手握住左手手腕，双腿自然分开(距离以不超过肩宽为宜)，双脚平行，身体重心落于两脚之间。

2. 背手分腿式站姿训练

训练动作：双手交叉置于背后，左手握住右手手腕自然贴于背部，双腿自然分开，双脚平行，身体重心落于两脚之间。

三、站姿训练的注意事项

进行站姿训练时，学生需要注意的地方包括：双臂不要交叉抱胸。双手不要插入衣袋或裤袋中，也不能交叉抱于脑后，或者双手、单手叉腰。不要弯腰驼背或过于挺胸。双腿不要交叉、弯腿顶跨，双脚不要分叉过大，也不能呈内八字。身体不要歪斜或随意扭动，不要倚物（如墙壁、椅子等)。身体各部位都要放松，避免僵直硬化，肌肉不能紧张。如果站立时间长，还可以适当地变换姿态，追求动态的美感。

四、站姿礼仪

不同群体的站姿，其侧重点不一样。不同的场合，人们所采用的站姿也有所区别。

在升国旗、奏国歌等庄严的仪式或场合中，应采用标准站姿，原地立正站直，挺胸立腰，神情严肃，并且全程保持安静，不能来回走动、交头接耳、东张西望或嬉笑打闹。

当与宾客交谈时，双眼要直视对方，面向对方站立，且保持一定的距离，太远或太近都是不礼貌的。如果空着手，可双手在腹前交叉。如果手上拎着皮包，可利用皮包摆出优美的姿势。此外，站立时还要注意身体保持正直，切忌做出身体歪斜、手扶椅背等不雅与失礼的姿态。

当向长辈、朋友、同事问候或进行介绍时，不论握手或鞠躬，男士双脚之间的距离都不可过大，以不超过 10 厘米为宜，且膝盖要挺直；女士应保持双腿并拢。

主持文艺活动、联欢会时，男士可以将双腿并拢站立，女士可以站成丁字步，让站姿显得更加优雅。

在接待客人时，应上身正直，挺胸收腹，双手在腹前交叉，男士可以两脚分开站立，距离不超过 20 厘米，女士可以站成丁字步。

当女士穿礼服或旗袍站立时，最好不要双脚并列，而应呈小丁字步，并以后方的一只脚为重心。

当在等车或等人时，双脚的位置可一前一后，保持 45°角，这时的肌肉要放松且自然，但仍要保持身体的挺直。

第二节　坐姿训练

坐姿是一种重要的身体姿态。无论是伏案学习、参加会议，还是会客交谈、娱乐休息，都离不开坐。同时，坐姿也是一个人个性、气质、风度及修养的外在体现。良好的坐姿不仅有利于自身健康，而且能给他人以文雅、稳重、自然、大方的美感。

一、坐姿的基本动作要领

(一) 入座的动作要领

入座的动作要领：先走到座位前，然后转身并轻稳地坐下。如果女士穿着裙装，落座时要用双手把裙子从臀部上方往臀部下方轻拢，以保持裙边平整、不起皱，并防止走光。

(二) 落座的动作要领

上身挺直：头部端正，双目平视前方或注视交谈对象，下颌微收，颈部直立，双肩放平，腰背挺直，身体舒展，重心垂直向下或稍向前倾。

四肢摆好：两臂自然弯曲，双手放在腿上；双腿正放或侧放，女士应双膝并拢男士可双膝微开。

椅面不满：宜坐椅子的 1/2～2/3，而不宜坐满椅面。

侧坐交谈：与邻座交谈时，可以身体要与对方平视的角度保持一致。

(三) 离座的动作要领

离座的动作要领：先将右脚后退半步，找到支撑点后轻缓起立；起立时应保持上身平稳端正，切勿向前弯腰或左右摇摆。

二、常用坐姿训练

(一) 女士常用坐姿训练

1．正坐式坐姿训练

训练动作：双腿并拢，双膝紧贴，双脚并排靠拢，两手合握放于两腿间，上身与大腿、大腿与小腿、小腿与地面均成直角。

2．开关式坐姿训练

训练动作：上身坐直，双膝并紧，两小腿前后分开，两脚前后基本保持在一条直线上，两手合握放于两腿间。

3．交叉式坐姿训练

训练动作：交叉式坐姿与开关式坐姿相似，不同之处在于交叉式坐姿要求学生双脚在脚踝处交叉，双脚可垂直于地面，也可向前略伸10厘米左右，两手合握放于两腿间。

4. 侧点式坐姿训练

训练动作：上身坐直，双腿并拢，大腿与上身垂直，两小腿同时向左侧或右侧倾斜，与地面成45°角，两手合握放于腿上。

5. 重叠式坐姿训练

训练动作：上身坐直，双腿上下交叠（注意两腿紧贴），两小腿同时向左侧或右侧倾斜，与地面成45°角，上方腿向里收，且脚尖尽量指向地面，两手合握放于腿上。

（二）男士常用坐姿训练

1. 正坐式坐姿训练

训练动作：双膝、双脚自然分开（不超过肩宽），双手分别放在双腿上，上身与大腿、大腿与小腿、小腿与地面均成直角。

2. 开关式坐姿训练

训练动作：上身坐直，双膝关节略开，两小腿前后分开，两脚前后在一条线上，两手合握放于两腿间。

3. 前伸式坐姿训练

训练动作：上身坐直，双膝关节略开，两腿前伸，双脚在踝关节处交叉，两手合握放于两腿间。

4. 后点式坐姿训练

训练动作：上身坐直，双膝关节略开，两小腿向后屈回，双脚前后交错摆放，左脚踩实，右脚前脚掌着地，两手合握放于两腿间。

5. 重叠式坐姿训练

训练动作：上身坐直，双腿上下交叠，下面一条腿的小腿与地面垂直，上面一条腿的小腿向里收，尽量靠近下面的腿，脚尖尽量向下，两手合握放于腿上。

三、坐姿礼仪

与他人一同入座时要讲究先后顺序，礼让尊长。请尊者先入座，如领导、长者、客人等，然后自己再坐下。

入座时要讲究方位，掌握“左进左出”的入座规则。入座时，面向座位的左前方而行，然后转身落座；离座时，也要起立靠左边离开。

入座时要轻、缓、稳，不能慌慌张张。在入座的整个过程中，不管是移动座位还是落座，都不应发出嘈杂的声音。

落座后不能有太多的小动作，如不断整理服饰、抖腿或用鞋跟敲地等。

落座后不能频繁更换坐姿，如必须更换，更换的幅度不能过大。

与人交谈时，无论采取哪种坐姿，都应该将膝盖朝向对方。

聆听他人教导、指示时，后背要保持挺直且不能靠在椅背上，身体略微前倾，向对方表示出积极、重视的态度。

第三节　蹲姿训练

一、蹲姿的基本动作要领

蹲姿的总体要求是迅速、美观、得体，其基本动作要领包括：上身端正，脊背保持直立，一只脚后撤半步，前脚全踩地，后脚脚跟离地，身体重心落在位于后侧的腿上，平缓屈腿，臀部下移，双膝一高一低。臀部要贴住脚跟，以避免弯腰、翘臀的情况出现。双腿需合力支撑身体，避免滑倒。起身时，挺直腰部，平稳起立、收步站好。

二、常用蹲姿训练

(一) 高低式蹲姿训练

高低式蹲姿在日常生活中应用较为普遍，如在捡拾地面物品、整理低处物品、给予他人帮助等情况时都可使用。其动作要领包括：下蹲时，左脚在前，右脚稍后（不重叠，也可以左右脚互换），两腿靠近下蹲。左脚完全着地，左小腿基本垂直于地面。右脚前脚掌着地，脚跟提起。右膝低于左膝，右膝内侧可靠在左小腿的内侧，形成左膝高、右膝低的姿态。臀部向下轻轻贴于右脚跟，基本上用右腿支撑身体。采用高低式蹲姿时，男士可将两腿适当分开；女士应将两腿靠紧。

（二）交叉式蹲姿训练

交叉式蹲姿是一种蹲下后双腿交叉在一起的蹲姿，通常适用于女士，特别是穿短裙的女士。其动作要领包括：下蹲时，右脚在前，左脚在后（可左右脚互换），右（或左）小腿垂直于地面，全脚着地。左腿在后与右腿交叉重叠，左膝由右腿下方伸向右侧，左脚跟抬起，左脚前脚掌着地。双腿前后靠拢，合力支撑身体，身体重心在脚间。臀部向下轻轻贴于左脚跟，上身可微微前倾。

（三）半蹲式蹲姿训练

半蹲式蹲姿是一种身体半立半蹲的姿势，一般在应急时使用。其动作要领包括：下蹲时，上身稍许弯下，但不宜与下肢构成直角或锐角。臀部务必向下，而不是撅起。双膝略微弯曲，其角度一般为钝角。双腿应紧贴，不宜分开。

（四）半跪式蹲姿训练

半跪式蹲姿又称为单跪式蹲姿，是一种双腿一蹲一跪的蹲姿，多在下蹲时间较长，或者为了用力方便时使用。其动作要领包括：以高低式蹲姿下蹲后，一腿单膝点地，臀部坐其脚跟之上，以其脚尖着地。另一条腿应当全脚着地，小腿垂直于地面。双腿应尽力靠拢。

三、蹲姿礼仪

第一，在拾取物品时，要站在需拿取物品的旁边，然后屈膝下蹲，物品在哪边就将哪一侧的腿放低，并用这一侧的手拾取物品，另一侧的手放在同侧的膝盖上。

第二，下蹲时要注意身体方位。在面对他人下蹲或需要下蹲合影留念时，应侧身相向；在整理鞋袜或整理低处物品时，可正身下蹲。

第三，不可蹲在椅子或凳子上，也不可在公共场合蹲着休息。

第四节　行姿训练

行姿训练行姿也称为走姿，它以人的基本站姿为基础，是站姿的延续动作。良好的行姿应该轻盈自如、矫健协调，富有节奏感，能够反映出一个人积极向上、充满活力的精神状态。

一、行姿的基本动作要领

步态端正。昂首挺胸，收腹提臀，双肩放平、下沉，双目平视，重心稍向前倾，大臂带动小臂自然地前后摆动，摆幅在 15°～30°，前后摆幅在一条直线上。掌心朝内，手指自然弯曲。膝和脚腕不可过于僵直，应富有弹性。脚尖伸向正前方，脚跟先于脚掌着地，脚尖推动不断前行。

步位平直。男士的步位路线应为两条平行线，女士的步位路线应尽可能为一条直线。

步幅适中。步行时双脚中心间的距离应适中，一般前脚跟与后脚尖相距约一脚长，即男士的步幅约 25 厘米，女士的步幅约 20 厘米。若女士穿裙装，步幅可适当缩小。

步速平稳。行走时，步速应平稳、均匀，一般保持在每分钟 110 步左右。此外，还应根据不同的着装或场合适当调整步速。

步态有别。男士步态应矫健有力，展现出刚健、英武的阳刚之气；女士步态应轻捷、娴雅，展现出温柔、娇巧的阴柔之美。

不同的场合的行姿各有不同。如参加喜庆活动时，脚步应轻盈、欢快，有跳跃感；参加吊唁活动时，脚步应缓慢、沉重，有忧伤感；参加展会、探望病人时，脚步应轻而柔；在办公场所或登门造访时，脚步应快捷而稳重。

二、常用行姿训练

（一）前进式行姿训练

前进式行姿是指方向向前的行走姿势。其动作要领包括：精神饱满，步态轻盈。步幅与速度适中。在行进中，若与人交谈或向人问候，上身和头部可适当转动。

（二）后退转身步行姿训练

后退转身步是指在后退时转身而采用的行走姿势，这种行姿多用于向他人告辞时。其动作要领包括：应先向后退两三步，退步时脚要轻擦地面，不可高抬腿，步幅要小，双腿之间距离要小，身体重心平稳。转身可分为三种情况。后退右转时，应以左脚为轴心向右转体 90°，同时向右迈出右脚；后退左转时，应以右脚为轴心向左转体 90°，同时向左迈出左脚；后退后转时，应以左脚为轴心，向右转体 180°，然后迈出右脚，或以右脚为轴心，向左转体 180°，然后迈出左脚。转身时要先转身体，再转头。

(三) 引导步训练

引导步是一种走在前边给宾客带路的行走姿势。其动作要领包括：尽可能走在宾客左侧前方，保持两三步的距离，整个身体半转向宾客方向。遇到上下楼梯、拐弯、进门时，要伸手示意。

三、行姿礼仪

行走时，不要吃东西，不能勾肩搭背，尤其是穿职业服装在工作场合时更要规范自己的行为。

与长辈、领导或客户等一同行走时，应站在左侧，以示尊重。如果男女两人同行，则应遵照男左女右的原则。

如果是三人同行，都是男性或都是女性，那么应以中间的位置为尊，右边次之，最后是左边。

一个人行走时应靠右侧，将左侧留给急行的人，乘坐扶梯时也是如此。

当行走过程中需要超越前人时，要使用“对不起”“借过”等礼貌用语。

多人同行时，切忌排成横队或勾肩搭背，以免妨碍其他行人和车辆通行。

在图书馆、会客厅和录音棚等需要安静的场所行走时要轻缓，尽量不要制造噪声，以免干扰他人的正常学习或工作。

第四章　高校形体基本素质训练

第一节　腿部力量和柔韧性练习

一、脚面柔韧性练习

脚面柔韧性练习是形体训练不可忽视的一个环节，它对以后的各部位练习以及组合练习都有重要的作用，是体现形体美、姿态美的一个重要标志。一般采用单人练习和双人配合练习两种方式进行。

（一）单人练习

1. 跪坐压脚背练习

预备姿势：学生双腿跪坐于垫上，双脚双腿靠拢夹紧，脚面绷直贴于垫面上，收腹、立腰，双手放在大腿两侧撑于垫上，臀部坐于踝关节上。

动作方法：1×8 拍的 1～4 拍一拍一动压脚踝，5～8 拍臀部坐在踝关节上停 4 拍。2×8 拍的 1～4 拍两膝盖打开，臀部上下一拍一动，压踝关节，5～8 拍臀部在踝关节停 4 拍。3×8 拍、4×8 拍同前两个 8 拍动作。

动作要求：脚面绷直，收腹，上下压踝时动作柔和。

2. 勾、绷脚面练习

预备姿势：直角坐于垫上，双臂置于体侧，中指尖点地，两腿伸直双脚放松。

动作方法：1×8 拍的 1～2 拍用力勾起双脚脚趾，3～4 拍勾起脚面，脚跟用力前蹬，使脚面与小腿的角度越小越好。5～6 拍动作同

1～2拍。7～8拍绷脚面还原成开始姿态，1×8拍反复一次。3×8拍的1～2拍勾右脚，3～4拍双脚交换，5～8拍动作同1～4拍，反复一次，4×8拍反复一次。5×8拍的1～2拍双脚勾，5～8拍绷脚尖，反复一次。7×8拍的1～2拍双脚勾，3～4拍双脚外分开至最大限度，5～6拍双脚经外侧向前，7～8拍绷脚尖。8×8拍的1～2拍同7×8拍的5～6拍，3～4拍同7×8拍的3～4拍，拍5～6拍同7×8拍的1～2拍，7～8拍同7×8拍的7～8拍。

动作要求：保持紧臂、立腰、立背、挺胸、立颈、微抬头的姿态，双腿并拢伸直，绷好脚面。

3. 举腿勾、绷脚练习

预备姿势：平躺在垫上，收腹、挺胸、绷脚面，双手掌心向下置于体侧。

动作方法：1×8拍的第1拍左脚向正方向绷脚面举起，2拍勾脚面，3拍绷脚面，4拍还原成预备姿势，5～8拍双脚向正方向绷脚面举起，动作同1～4拍。2×8拍同1×8拍，动作相同，换脚做。

动作要求：勾、绷脚面练习时，双腿要伸直，控制好身体形态。

4. 弹踢腿绷腿面练习

预备姿势：平躺于垫上，挺胸、收腹、双腿伸直，双手掌心向下置于体侧。

动作方法：1×8拍的第1拍迅速向正上方收左腿，2拍左小腿弹直呈举腿状态，3拍屈膝回收成1拍状后，迅速弹踢至斜上方，4拍还原，5拍左侧收左腿，大小腿紧贴地面，6拍左小腿弹直，使大小腿、脚尖成一条直线。7拍屈膝回收成5拍姿势后，迅速弹踢侧斜下方。8拍还原。2×8拍同1×8拍，方向相反，动作相同。

动作要求：保持身体的基本形态，收腿时大小腿要夹紧，绷腿面脚尖点地，弹腿时，大腿不动小腿弹直，在侧弹腿时，骨盆固定紧贴地面。

5. 提踵练习

预备姿势：面对把杆或墙壁站立，双手轻轻扶把杆（或墙壁），立正站好。

动作方法：1×8拍的第1拍双脚提踵立，2拍落下，3拍同1拍，4拍同2拍，5拍提踵立，6、7、8拍控制提踵。2×8拍的1～2拍双脚提踵，屈膝下蹲，3～4拍回到预备姿势，5～6拍同1～2拍，8拍同3～4拍。

动作要求：保持上体的基本形态，立腰、立背提踵时以趾关节着地。

（二）双人配合练习

1. 练习一

预备姿势：学生直角坐在垫上，同伴跪于学生的对面，双手按在学生的脚趾关节上。

动作方法：一拍一压做4×8拍后，最大限度压，控制20秒，同伴动作由轻压逐渐加力，学生要保持身体的正确形态，配合同伴进行练习。

动作要求：学生要夹紧双腿，绷脚面、紧臀、立腰、立背、肩放松后夹，挺胸、立颈、略抬头。

2. 练习二

预备姿势：两学生直角坐在垫上，两人脚掌相对贴紧，双手在体后支撑上体。

动作方法：1×8拍一人踝关节屈，另一人踝关节伸，一拍一动交换进行。2×8拍两人踝关节向外绕环，4拍一动，脚跟不离地。3×8向内绕环，4×8拍重复1×8拍的动作。

动作要求：学生要紧臀，立腰、立背、挺胸，要最大限度屈伸踝关节并配合协调。

3. 练习三

预备姿势：学生跪坐于垫上，同伴前脚掌踩在学生的脚心处。

动作方法：1×8 拍时，同伴踩其脚心为一压一松，一拍一动，踩控制 3×8 拍。

动作要求：学生双腿跪坐在垫上，双脚双腿靠拢夹紧，脚面绷直贴于垫面上，收腹、立腰、立背、头略抬，双手放松，放在大腿上，练习时保持上体形态。

二、腿部练习

腿部练习是基本功训练的主要部分，重点是加强髋关节、膝关节、踝关节的坚固性和灵活性，以提高站立姿态的腿部支撑能力和体形的优美程度，一般采用单人和双人练习两种形式进行。

(一) 单人练习

1. 直腿屈体压腿练习

预备姿势：学生立正站好，双臂伸直，十指体前交叉，手心向下。

动作方法：1×8 拍的第 1 拍前半拍，用力下振，后半拍上体稍抬起，做 1 个 8 拍。2×8 拍两腿分开直腰，双手从胯下穿过，用力下振，一拍一动。3×8 拍的 1～2 拍屈膝展髋，塌腰前压上体，3～4 拍直立还原，分腿站，5～8 拍同 1～4 拍，4×8 拍重复 1×8 拍的动作。

动作要求：做动作时，双腿并拢伸直，腰发力向下振，动作幅度逐渐增大，塌腰挺胸做动作时，要抬头。

2. 坐姿压腿练习

预备姿势：直角坐在垫上，立腰、立背，头向上顶，双手屈臂放在大腿两侧。

动作方法：1×8 拍一拍一次，双脚并拢，上体前压，前压时稍抬头，用胸腹部尽量贴近大腿面，双小臂贴近地面。2×8 拍的 1～2 拍两腿分开，上体左侧压，右手三位，左手一位，3～4 拍上体还原直立，5～8 拍同 1～4 拍方向相反。3×8 拍两腿分开，上体前压，一拍一次，慢慢前压至最大限度。4×8 拍双腿一屈一直分腿坐，上体侧压，二拍一次，5～8 拍换反方向做。

动作要求：做动作时，应控制好双腿伸直，呈绷脚面的形态，上体前压时，胸腹应贴近大腿面，侧压时应双肩水平侧倒，带动上体完成动作。

3. 坐姿屈膝压腿练习

预备姿势：左腿向后伸直，右腿大小腿折叠跪坐，上体正直，双手体侧指尖扶地。

动作方法：1×8 拍的 1～2 拍左手臂带动上体后振，3～4 拍上体收回，含胸，左手臂摆至体前，5～8 拍同 1～4 拍。2×8 拍头向后仰，双手在体后抓住左脚踝关节，控制 1 个 8 拍。（左膝屈）头向后仰，尽量贴近左脚尖，后两个 8 拍与前两个 8 拍动作相同，方向相反。

动作要求：保持抬头、挺胸、立腰、立背的形态，后压腿时，动力腿伸直。后下腰时，动力腿屈膝，绷脚面。

4. 站姿压腿练习

（1）正压腿

预备姿势：面对把杆站立，上体正直，双手叉腰，左腿支撑，右腿放在把杆上。

动作方法：1×8 拍的 1～2 拍上体前倾压腿，3～4 拍还原成准备姿势，5～8 拍同 1～4 拍，反复练习。4×8 拍后，前倾压腿控制 2×8 个拍。

动作要求：双腿伸直，上体保持抬头、挺胸、立腰、立背形态，压腿时腹部尽量贴近大腿。

（2）侧压腿

预备姿势：侧对把杆，上体直立，右腿支撑脚一位，左腿绷脚面放在杆上，左手右手三位。

动作方法：2×8 拍的 1～2 拍上体向左侧倾压腿，3～4 拍还原成预备姿势，反复练习，4×侧倾压腿控制 1×8 个拍。

动作要求：上体保持抬头、挺胸、立腰、立背形态，侧压腿时上体侧屈，双腿伸不要前倾后仰。

(3) 后压腿

预备姿势：上体正直，左侧对把杆，左脚支撑，右腿向后伸直放杆上，左手扶把右手呈上位姿态。

动作方法：1×8拍的1～2拍上体后倒压右腿，3～4拍还原成预备姿势。5～8拍同1～4。2×8拍的1～2拍，上体直立的同时屈左膝，3～4拍还原成预备姿势。5～8拍同1～4拍动作，反复练习两遍，换腿练习。

动作要求：上体保持抬头、挺胸、立腰、立背形态，动作舒展，支撑腿屈膝上体不前倾，后接腿时上体后倒至最大限度压腿。

(二) 双人配合练习 (压腿)

1. 正压腿

预备姿势：学生平躺垫上，双手于体侧伸直，手心向下，同伴面对学生站立，学生将左腿向正前方抬起至最大限度，同伴一脚站一旁，另一脚踩在学生的大腿上，双手扶住学生的左腿。

动作方法：1×8拍的第1拍同伴用适当的力量推学生的左腿，第2拍还原至预备姿势，3～8拍同1～2拍，2×8拍同伴将学生的左腿推至最大限度控制1×8个拍，3×8、4×8拍，同1×8、2×8拍。

动作要求：学生双腿伸直，绷好脚面躺在垫上，同伴一手按住学生膝关节处，以保证学生在练习中动力腿充分伸直，一手推学生的踝关节处。

2. 弓步压腿

预备姿势：学生左脚在前呈跪膝大弓步，双手叉膝，帮助站在学生后面，双手扶住学生的肩膀。

动作方法：1×8拍的1～2拍同伴用脚踩在学生的右髋关节处，向前下方用力，3～4拍还原成预备姿势，5～8拍同1～4拍。2×8拍为一拍一动的弹动踩压。3×8拍、4×8拍踩压至最大限度后控制2×8个拍，换脚反复练习。

动作要求：学生要保持立腰、抬头、挺胸的姿态，同时要保持重心平衡，不要前倾后倒，同伴在踩压时，要注意用力方向朝正前下方，同时，双手扶住学生的双肩，帮助其保持平衡。

3. 侧压腿

预备姿势：学生右手臂伸直，手心向下，右耳贴近右手臂，身体侧卧，手臂至脚尖成一直线。左手臂扶在胸前，左脚面外翻使脚面向上，同伴站在学生的一脚之间，双手握住其踝关节。

动作方法：1×8 拍的第 1 拍同伴向正前方用力推学生的左腿。第 2 拍还原，一拍一动，2×8 拍同 1×8 拍，3×8 拍、4×8 拍同伴将学生的左腿向正前方推压至最大限度，控制 2×8 个拍，换腿练习。

动作要求：学生保持身体形态的稳定性，双腿伸直，绷好脚面，同伴双脚开立，夹住学生的膝关节处，双手推压学生的动力腿。

4. 横压腿

预备姿势：学生分腿坐，双手体前扶地，同伴双手扶住学生的后背肩胛处。

动作方法：1×8 拍的第 1 拍同伴用力向前推压学生，第 2 拍还原成预备姿势，弹动压 1 个 8 拍，2×8 拍重复 1×8 拍，3×8 拍、4×8 拍将学生前推至最大限度，控制 2 个 8 拍。

动作要求：学生保持立腰、立背、抬头、挺胸的姿态，双腿伸直，绷脚面，向前压腿时双手沿地面延伸，腹胸贴地面。

(三) 弹踢腿练习

1. 正踢腿

预备姿势：学生平躺在垫上，双手直臂于体侧，手心向下，双腿并拢伸直，绷好脚面。

动作方法：1×8 拍的第 1 拍左脚向上踢起，第 2 拍慢回落至预备姿势。反复练习 4 个 8 拍，后向上举控腿 4×8 个拍，两腿交换练习。

动作要求：双腿伸直绷好脚面，动力腿踢腿迅速，回落要有控制。

2. 侧踢腿

预备姿势：身体侧卧成一直线，左肘撑地，手指向前，手心向下，大臂垂于地面，左手体前撑地。

动作方法：1×8拍的第1拍右腿向侧上方踢出。第2拍回落成预备姿势。3～4拍同1～2拍，5～8拍同1～4拍。反复练习4×8拍，5×8拍第1拍，右腿向侧上方踢出至最大限度，后控制4×8个拍，换腿练习。

动作要求：上体保持挺胸、抬头、立腰、立背的形态，绷脚尖踢腿动作迅速而有力，回落时要有控制。

3. 后踢腿

预备姿势：双手臂伸直，手心向下，身体俯卧。

动作方法：1×8拍的1～2拍右腿向后上踢，左手直臂向上摆起，3～4拍还原成预备姿势。5～8拍同1～4拍。2×8拍的动作相同，换另一手脚做。3×8拍、4×8拍为一拍一次练习。5×8拍的第1拍两手臂和双脚向后摆起后控制4×8个拍。

动作要求：双腿伸直，绷脚尖，后踢腿时挺胸，抬头，成最大的反背弓。

4. 跪撑踢腿

预备姿势：双手直臂撑地，双腿跪立，同时抬头、挺胸、塌腰。

动作方法：1×8拍的第1拍左腿向后上方踢出，第2拍左腿还原成直膝点地。反复练习2个8拍，换另一脚练习2个8拍。5×8拍的第1拍左腿向左侧直腿踢出，第2拍还原成预备姿势。反复练习2个8拍，换另一腿练习。

动作要求：踢腿时要抬头、挺胸，塌腰至最大反背弓，侧踢时，膝盖、脚尖要绷直。

5. 正弹踢腿

预备姿势：学生直腿坐撑于地面，脚尖绷直，抬头挺胸。

动作方法：1×8拍的第1拍踢左腿，第2拍屈膝右侧点地，第3拍弹踢左腿，第4拍还原成预备姿势，第5拍收双腿成双点地，第6拍弹踢双脚，第7拍上、下剪腿，第8拍还原成预备姿势，反复练习4×8个拍。

动作要求：上体在整个动作过程中要抬头挺胸。弹踢腿时要绷脚尖，双臂一直保持直臂撑的姿势。

6. 侧卧弹踢腿

预备姿势：身体侧卧成一直线，右肘撑地，手指向前，掌心向下，大臂垂于地面，左手体前撑地。

动作方法：1×8 拍的第 1 拍右脚向右上侧起踢出，第 2 拍右脚屈膝在左腿前点地，第 3 拍左脚弹踢至左侧前上，第 4 拍还原成预备姿势，第 5 拍左脚前踢，第 6 拍后踢，第 7 拍同左脚前踢，第 8 拍后踢至最大幅度后，左手前上伸，控制 4×8 个拍，交替练习。

动作要求：弹踢时，大腿保持不动，以膝为轴，弹踢小腿且绷脚尖，控制时成最大反弓，同时上体要保持抬头挺胸的姿态。

7. 立姿踢腿

预备姿势：身体左侧对把杆站立，右手叉腰，左手扶杆。

动作方法：1×8 拍的第 1 拍用力向正前方踢出，第 2 拍有控制地回落至前点地的位置，3～4 拍擦地收回左腿成预备姿势。5～8 拍同 1～4 拍。2×8 拍第 1 拍，用力向正侧方向踢出，第 2 拍回落在正侧方点地，3～4 拍擦地收回，右脚还原成预备姿势。5～8 拍同 1～4 拍，3×8 拍的第 1 拍用力向正后方踢出，第 2 拍回落至后点地的位置，3～4 拍擦地回收成预备姿态。5～8 拍同 1～4 拍，4×8 拍同 2×8 拍，交换腿练习。

动作要求：上体保持抬头、挺胸、立腰、立背的形态，踢腿时脚尖绷直，膝盖不能屈；侧踢时，髋关节不能晃动和收胯或送胯。

8. 立姿弹腿

预备姿势：身体左侧对把杆站立，前收右腿，右手叉腰，左手扶杆。

动作方法：1×8 拍的第 1 拍弹踢右小腿约 25°角，第 2 拍回收成预备姿势。3～4 拍、5～6 拍同 1～2 拍，第 7 拍快速两次弹踢，第 8 拍还原成侧收腿。2×8 拍动作同 1×8 拍，方向变为侧向。3×8 拍、4×8

拍，重复1×8拍、2×8拍的动作，交换腿练习。

动作要求：上体保持正直，不能晃动。弹踢时，以膝关节为轴快速而又有控制，脚尖绷直。

9. 小踢腿

预备姿势：身体左侧对把杆，右手叉腰，左手扶杆。

动作方法：1×8拍第1拍迅速踢腿出去，约30°左右制动，第2拍擦地，回来还原预备姿势。3～8拍同1～2拍，2×8拍同1×8拍，方向变为侧向，3×8拍同1×8拍，4×8拍的前1～4拍同2×8的1～4拍，第5拍向正前方小踢，第6拍向侧画90°弧。第7拍前半拍为侧收腿，后半拍正前小踢，第8拍擦地回收。

动作要求：上体保持正直，小踢腿快速且要制动。压踝有弹性，踢腿时保持脚面外展，膝盖、脚尖绷直。

10. 蹲的练习

预备姿势：身体左侧对把杆站立，右手叉腰，左手扶杆。

动作方法：1×8拍的1～2拍左腿屈膝的同时右脚擦地出去成虚点地，3～4拍身体向前移重心成两脚屈膝前后半蹲，重心在两脚之间，5～6拍再向前移重心成右弓步，7～8拍左腿擦地收回。2×8拍的1～2拍，右腿向侧擦地出去成右侧点地，3～4拍向侧移重心成左右开立半蹲，5～6拍保持3～4拍姿势且双提踵立，7～8拍擦地回收成一位站。3×8拍的1～2拍屈膝半蹲，3～4拍还原，5～6拍提踵屈膝半蹲，7～8拍还原成一位站，4×8拍同1×8拍，但方向相反。

动作要求：上体保持直立，下蹲时重心保持垂直升降或移重心时，保持平稳，上体不能前倾或后仰。

第二节　髋部柔韧性练习

髋部柔韧性的练习是形体美的基本练习之一，是增强整体柔韧性和全身协调性的重要环节。髋部柔韧性的效果直接影响动作的舒展与优美程度，同时通过髋部的柔韧练习也可以雕塑臀部的线条曲线。其练习内容多种多样，可分为单人练习和双人配合练习。

一、单人练习

（一）平躺单臂触腿外侧练习

预备姿势：脸朝上平躺在垫上，背部紧贴垫上，双手置于体侧，掌心朝下。

动作方法：1×8 拍的前 1～4 拍将左手放在左大腿外侧，将右膝压向左侧的地面，5～8 拍保持第 4 拍的姿势，静止控制 4 拍。2×8 拍时重复上述动作，改为屈左膝并将它压向右侧，反复练习 8×8 个拍。

动作要求：平躺时，背部要紧贴地面，并使头部与脊椎骨保持在一条直线上。

（二）平躺屈膝双手触大腿内侧练习

预备姿势：脸朝天，平躺在垫上，屈膝并让双脚踩在地上，背部紧贴垫面。

动作方法：1×8 拍的 1～4 拍双膝分开，脚后跟相互并拢，双手放在两大腿的内侧，用力向下压 3 次。5～8 拍，双膝并拢屈膝，反复练习 4×8 个拍。5×8 拍时双手使两腿屈膝分开，用最大下压控制 2×8 个拍。

动作要求：背部紧贴地面，收腹，同时两脚跟、脚心相对并拢，并尽可能向臀部处靠近。

（三）开胯练习

预备姿势：学生含胸坐在垫上，双屈膝，脚尖点地，两手撑于膝关节处。

动作方法：1×8 拍的 1～2 拍双手推膝关节成开胯姿势下压一次，3～4 拍膝还原成预备姿势，5～8 拍同 1～4 拍。2×8 拍为一拍一动，开胯时，脚心相对，侧屈膝，一拍一下压，颤动一次。3×8 拍、4×8

拍双手用力下压膝关节，静止控制2个8拍。

动作要求：保持立腰、立背、挺胸，用力下压。

（四）开胯练习

预备姿势：双脚屈膝，脚心相对，俯撑于垫上。

动作方法：1×8拍的1～2拍提臀、提腰、低头、含胸，3～4拍压胯、塌腰、抬头，5～8拍同1～4拍，2×8拍一拍一动快速下压膝关节，3×8拍、4×8拍把膝关节压至最大限度，静止控制在2个8拍。

动作要求：脚心相贴紧，有意识下沉臀部，做控制时，大腿尽可能打开至最大限度。

（五）坐姿双腿外分练习

预备姿势：分腿坐在垫上并保持背部平直挺胸，同时向内收腹，双手扶大腿内侧。

动作方法：1×8拍的1～4拍从腰部开始保持躯干笔直状态，从臀部开始向前屈身，同时双手平放身前地上。5～8拍塌腰、挺胸、抬头，反复4×8个拍、后做1～4拍动作控制2×8个拍。

动作要求：头部和脊椎骨保持在一条直线上，膝盖和脚趾始终保持向上的姿态。

（六）平躺开胯练习

预备姿势：仰卧平躺垫上，双腿并拢伸直，绷脚尖，双手掌心向下，手臂伸直置于体侧。

动作方法：1×8拍的1～2拍左脚向上方屈腿，左脚尖点地，3～4拍左屈腿外翻90°落垫上。5～6拍同1～2拍，7～8拍左腿伸直还原成预备姿势。2×8拍的1～2拍左腿上举至最大限度，3～4拍从上举向旁侧落下，贴于地面，髋充分打开。5～6拍同1～2拍，7～8拍还原成预备姿势，重复练习4×8个拍。

动作要求：保持身体形态，骨盆固定，紧贴垫不乱晃，绷脚尖，髋关节放松，举腿时要做到最大幅度。

（七）平躺翘脚练习

预备姿势：脸朝天平躺在垫上，屈膝并让双脚平踩在垫上，双手平放垫面。

动作方法：1×8 拍前 1～2 拍把左脚架在右膝上，3～8 拍慢慢地从地上抬起右脚，并让双膝靠向胸部。2×8 拍动作与 1×8 拍动作相同，但换成右脚架在左膝上。3×8 拍的 1～2 拍左腿向上伸直，双手环抱左大腿，3～8 拍抱腿慢慢靠向胸部，4×8 拍动作与 3×8 拍动作相同，但换成右腿做。

动作要求：背部紧贴垫面同时收腹，头部与脊骨保持一条直线。

（八）坐姿向内压胯练习

预备姿势：分腿屈膝坐于垫上，两手体后撑垫。

动作方法：1×8 拍的 1～2 拍左脚屈膝点地，向右压胯以左膝内侧点地，3～4 拍还原成预备姿势。5～6 右脚重复左脚动作，方向相反，7～8 拍还原。2×8 拍双膝同时向内压髋，2 拍一动。3×8 拍、4×8 拍重复 1×8 拍、2×8 拍动作，5×8 拍控制双膝内压动作 1 个 8 拍。

动作要求：臀部要尽量不离开垫面，上体保持正直，抬头挺胸。做动作时速度不要太快，幅度由小至大，慢慢加大。

（九）平躺扫腿绕胯练习

预备姿势：仰卧平躺垫上，双脚并拢，绷脚尖，双手掌心朝下放在体侧。

动作方法：1×8 拍的第 1 拍左腿向上举至最大限度，第 2 拍左脚从上举向旁落下贴于地面，第 3 拍左脚向右脚方向踢出，4～8 拍左脚从右侧至胸前到左侧绕环扫腿，右脚紧随扫腿一次，2×8 拍重复 1×8 拍，3×8 拍、4×8 拍换脚练习。

动作要求：双腿伸直，开肩平躺，动作过程中保持身体形态，动力腿尽量围绕髋关节做最大幅度的匀速转动。

（十）顶髋练习

预备姿势：仰卧姿势，仰卧平躺垫上，挺胸、收腹、立腰背，双腿并拢向正上方屈膝，双手掌心向下置于体侧。

动作方法：1×8 拍的第 1 拍两腿并拢用力顶髋展腹，控制 2～7 拍，第 8 拍还原成预备姿势。2×8 拍的第 1 拍并膝分腿用力顶髋展腹，控制 2～7 拍，第 8 拍还原成预备姿势，反复练习 6×8 个拍。

动作要求：顶髋时，肩部、头部着垫，向上顶髋至最大限度。

二、双人配合练习

（一）坐姿分腿压胯

预备姿势：屈膝分腿坐在垫上，收腹，挺胸，双手扶脚尖，同伴跪立在学生的背后。

动作方法：1×8 拍同伴跪立在学生的体后，两手轻轻压其大腿内侧振动。2×8 拍用力加重，并 2 拍一动。4×8 拍、3×8 拍用力压至最大幅度控制 2 个 8 拍。

动作要求：学生双肩放松，并使头部与脊椎骨保持一条直线上，同伴在施力时要注意用力大小必须由小至大，直到学生感到大腿处有一定的绷紧感为止。

（二）躺势分腿开胯

预备姿势：学生平躺在垫上，双侧屈腿，脚心相对，同伴跪在学生脚前，以双手轻按住学生的双膝关节。

动作方法：一拍一压，练习 4×8 个拍，压至最大限度控制 4×8 个拍。

动作要求：学生挺胸，立腰，背部、腰部贴紧垫面，髋关节放松，大小腿折叠角度越小越好，双脚心相对。同伴以适度的力量向下按学生的双膝部，达到开胯的目的。

（三）直分腿开胯

预备姿势：学生平躺在垫上，双腿经上举后向两侧打开，双手心贴于身体侧。同伴前后分腿立于学生腿的附近，以双手扶住学生的膝关节处。

动作方法：一拍一压，练习 4×8 个拍，压至最大限度控制 4×8 个拍。

动作要求：学生挺胸、立腰，背部、腰部贴紧垫面，双腿直腿，绷脚面向两侧分开，髋关节放松，同伴适当力量下按学生膝关节，达到开胯的目的。

（四）双人分腿互压

预备姿势：练习双方双腿分开，面对面坐，脚内侧相抵，双手拉好。

动作方法：1×8 拍～2 拍，一方向后倒于地上，另一方上体前倾，3～8 拍一拍一动用力拉，前倾一方的双手达到开胯的目的，2×8 拍拉至最大限度控制 8 拍，3×8 拍、4×8 拍换人练习，反复多次。

动作要求：收腹、挺胸、立腰、立背，直腿绷脚尖，后躺时臀、腰背部和头均贴在地上，前压胯时尽量以腹部贴近地面，两人双手不能松开。

第三节　腰背部力量和柔韧性练习

腰背部力量的强弱和柔韧性的好坏，直接关系到站立姿势的形成和优美程度，良好的腰背部力量和柔韧性，体现出来的是肌肉结实而具有弹性，身姿优美的曲线充满动感，给人的感觉是一种充满活力的青春美。因此，在形体的训练中，腰背部力量和柔韧性是不可忽视的，也是必不可少的。一般情况下可采用单练习人和双人配合练习两种形式进行。

一、单人练习

(一) 坐式背部伸展动作

预备姿势：坐在垫上，保持背部平直，挺胸，收腹，双手分别放在身体两侧的垫上，屈右膝，并让右脚平踩在左腿旁的地面上。

动作方法：1×8 拍的 1～2 拍右手微曲放在身后，尽量靠近身体，左前臂放在右膝外侧。3～8 拍右膝慢慢收向身体的中轴线，头和上半身从腰部开始向右臂的方向扭曲到最大限度。2×8 拍控制身体扭转的最大限度一个 8 拍，3×8 拍、4×8 拍同 1×8 拍、2×8 拍，换方向练习。

动作要求：在做动作时保持正常的呼吸，并使头部与脊椎骨保持在一条直线上，双眼视线要高于肩部。

(二) 侧躺收腿练习

预备姿势：侧躺在垫上，双手胸前交叉抱上体，双脚并腿屈膝。

动作方法：1×8 拍屈膝并腿，慢慢向胸部和头部靠拢，使身体充分蜷曲起来。2×8 拍双手贴耳上举，双腿伸膝，伸展成弓形，反复练习多次。

动作要求：学生的头部和脊椎骨保持在一条直线上，在蜷曲时要收紧双膝。

(三) 趴式身后双手交叉双臂抬起练习

预备姿势：学生脸朝下趴着，髋骨紧贴垫面，收腹。双手放在臀部上并相互交叉，微微屈肘。

动作方法：1×8 拍的 1～4 拍轻轻放松肩胛骨并慢慢上抬双臂至最高点，5～8 拍控制并还原反复练习多次。

动作要求：做动作过程中，整个身体保持一条直线，保持正常的呼吸。

(四) 双膝跪地双手撑地弓背练习

预备姿势：双膝跪在垫上（双膝与臀部处于一条直线），双手撑垫，（双手与肩部处在一条直线上）保持背部平直，收腹。

动作方法：1×8 拍吸气，同时将背部向上拱起并收腹，同时让骨盆向前倾。2×8 拍保持拱背姿势 1 个 8 拍，3×8 拍呼气，同时让背部向下沉，使胸部向垫面靠去，略微抬头并让臀部向前移动，4×8 保持前倾姿势 1 个 8 拍。

动作要求：要头部和脊椎骨保持在一条直线上，同时注意呼吸的协调配合。

(五) 坐姿胸腰练习

预备姿势：直角坐在垫上，双腿并拢伸直，绷脚尖。双手于体侧，中指尖点地。

动作方法：1×8 拍的 1～4 拍向后下腰，5～8 拍控制不动。2×8 拍的前 1～2 拍，举双手。3～4 拍体前屈，胸贴大腿。5～8 拍双手带上体向后下胸腰，反复练习。

动作要求：在立腰、挺胸、抬头的基础上，向后仰头，用力下腰，体前屈时用腹部尽量贴近大腿。

(六) 跪姿下胸腰练习

预备姿势：跪立上体正直，双手三位。

动作方法：1×8 拍的前 1～4 拍向后下腰，5～8 拍控制不动。2×8 拍的 1～2 拍，臀部跪坐两腿之间。3～4 拍上体平躺在垫上。5～6 拍挑腰起，双手臂下垂。7～8 拍还原成预备姿势，反复练习。

动作要求：保持抬挺胸形态，下腰时头向后，起腰时，要用腰带动上体挑起。

(七) 背飞

预备姿势：俯卧在垫上，双腿伸直分开，双手置于体侧。

动作方法：1×8 拍的第 1 拍上体和双腿两头翘，2～7 拍控制不动，第8拍还原成预备姿势，反复练习。

动作要求：在做动作时，双臂带动上体和双腿尽量抬高，成最大反背弓。

（八）双臂前伸交叉双手练习

预备姿势：直立，两腿分开，保持背部平直、挺胸、收腹、骨盆略向前倾，双臂前伸合掌。

动作方法：1×8拍的第1拍两手的手指相互交叉，第2拍双手交叉外翻（让双手的掌心向外）指关节指向身体，3～7拍双臂慢慢地向前伸以使后背呈外张的态势，第8拍屈肘回收，反复练习多次。

动作要求：双臂的高度与胸部齐平，不能屈肘，整个动作过程身体保持正直，背部平直，呼吸正常。

（九）直立背部伸长练习

预备姿势：两腿分开直立，并让身体的左侧对着墙壁（身体离开墙的距离约60厘米）微微屈膝，左手平放在墙上，指尖向前。

动作方法：1×8拍用左手掌用力压墙并坚持一个8拍。2×8拍右肩以逆时针的方向，慢慢地向墙壁扭去，3×8拍重复1×8拍动作。4×8拍重复2×8拍，反复练习后改右手进行。

动作要求：作用力动作时，要保持背部的平直，挺胸、收腹，使头部与脊椎骨保持在一条直线上，同时用力动作的手放在与肩同高或略低于肩部的高度上。

（十）抡臂体前体后屈练习

预备姿势：上体直立，两腿分开，两手置于体侧。

动作方法：1×8拍的1～2拍双臂抡臂，3～4拍直腿体前屈，5～6拍抡臂，7～8拍体后屈。2×8拍停留在体后屈，控制1个8拍。3×8拍、4×8拍同1×8拍、2×8拍动作。

动作要求：上体前屈时，尽量用双手带动，穿过胯下，上体后屈时，尽量抬头，用力下后腰，双腿伸直。

（十一）坐姿甩腰练习

预备姿势：上体正直，分腿坐，双手侧举，手心朝下。

动作方法：1×8 拍的 1～2 拍上体向右倾斜，下旁腰，3～4 拍向左倾斜下旁腰，5～8 拍双手带动从左至体前到右后腰绕环，成一手支撑分腿立扭腰，2×8 拍在分腿立腰的姿态上控制 1 个 8 拍，3×8 拍、4×8 拍动作相同，方向相反。

动作要求：保持抬头、挺胸、立背的形态，用腰部的力量带动上体左右侧移和绕环。

（十二）坐姿扭腰练习

预备姿势：上体正直，盘腿坐在垫上，双手抬平，小臂弯曲搭肩。

动作方法：1×8 拍的 1～2 拍向左拧腰，3～4 拍向右拧腰，5～8 拍一拍一动，以臂带动腰扭动。2×8 拍方向相反，动作相同。

动作要求：保持抬头、挺胸、立腰、立背的形态，腰用力带动上体向左右转动。

（十三）含展胸练习

预备姿势：上体直立，双手头上举相握，右脚前点弓步。

动作方法：1×8 拍的 1～2 拍含胸低头，交叉的腕关节前屈，3～4 拍展胸抬头，腕关节后屈，5～8 拍重复 1～4 拍的动作。2×8 拍一拍一动重复 1×8 拍的动作，反复多次。

动作要求：下肢动作保持不动，含、展胸动作通过手臂带动时，要尽可能地幅度加大，同时与头、手配合协调。

（十四）侧向吊胸腰练习

预备姿势：上体正直，双手上举成三位手，双腿跪立。

动作方法：1×8 拍的 1～4 拍一脚跪立，一脚侧点地。上体下旁腰，同侧手伸向远方，5～8 拍还原后，转体成正向侧面体前屈，胸贴大腿。2×8 拍的 1～2 拍双臂带动上体直立，3～8 拍下胸腰，一手上举一手下举。3×8 拍、4×8 拍吊胸腰控制 2 个 8 拍，换方向做。

动作要求：吊胸腰时，髋部不能前倾后仰，要保持身体正直。

二、双人配合练习

（一）俯卧吊胸腰练习

预备姿势：学生俯卧在垫上，双手臂向后伸出，同伴立于学生膝关节两侧，双手与学生相互拉紧。

动作方法：1×8 拍的 1～4 拍同伴用力拉起学生，使其上体离开地面成最大反背弓，5～8 拍将学生轻放回。2×8 拍重复 1×8 拍动作，3×8 拍、4×8 拍把学生拉成反弓后，控制 2 个 8 拍。

动作要求：学生在做动作的过程中，挺胸抬头，用力向后弯腰，同时尽量使髋部不离开地面，而同伴要用力抓住学生的手腕，身体向前倾，姿势慢慢变成后倾。

（二）俯卧起胸腰练习

预备姿势：学生俯卧在垫上，双手扶头（也可前举），双脚并拢且绷脚尖，同伴面对学生跪坐地上，双手压住双脚。

动作方法：1×8 拍的 1～2 拍学生上体后屈，3～4 拍回落成预备姿势，5～8 拍同 1～4 拍，2×8 拍在最高点控制 1 个 8 拍，反复多次练习。

动作要求：学生在动作练习过程中，保持抬头，挺胸，上体呈用力后屈形态，而同伴要用力按住学生双脚帮助完成动作。

（三）互背拉伸练习

预备姿势：两人背靠背分腿站立，两手手挽手。

动作方法：1×8 拍时一人用力挽住另一个人的手臂，背起另一人，使其后倒成反弓状，自己尽量含胸圆背，两腿直立。2×8 拍换一人做，动作同前 1 个 8 拍，3×8 拍、4×8 拍控制 2 个 8 拍后换人。

动作要求：被背起后的人要放松髋关节和腿部，使背部、胸部和腰部肌肉充分伸展，而背的人却一定要分腿直立，同时圆背。

(四) 双人侧拉练习

预备姿势：两人并排而站，双脚尽量贴近，拉好双手，里侧手自然下垂，外侧手上举在头上拉住。

动作方法：1×8 拍的第 1 拍两人均向里侧做最大限度的侧屈，2～6 拍控制不动，7～8 拍还原成预备姿势反复练习 4×8 个拍，换方向练习。

动作要求：动作中保持抬头、挺胸、立背形态，上体用力侧屈，两人双脚相互抵住，上手拉紧，完成从手臂至脚，身体最大限度的侧屈动作。

(五) 侧卧拉练习

预备姿势：学生右手臂伸直，手心向下，身体侧卧成一直线，左手臂向斜上方伸直，同伴面对学生站立，两脚在学生膝关节两侧，双手拉住学生右手臂。

动作方法：1×8 拍的第 1 拍同伴用力拉学生右手臂，使其身体成侧屈形态，学生左手臂侧平举控制 4×8 个拍，4×8 拍后轻轻回到预备姿势，反复一次，换方向练习。

动作要求：学生动作过程保持抬头、挺胸、立背的形态，特别是不能屈髋，上体用力侧屈时，同伴两脚夹住学生的双膝，动作中身体直立稍后倾，帮助其完成动作。

第四节　胸、腹部力量练习

胸、腹部力量练习是形体训练的重要内容之一，胸、腹部力量的强弱决定一个人形体控制能力的好坏和体形的优美程度。要提高胸、腹部练习的质量，使之更安全、更有效，首先要做到的是用科学的方法进行练习，胸、腹部练习的方法多种多样，一般采用单人练习、双人配合练习两种形式进行。

一、单人练习

（一）俯撑

预备姿势：面对墙分腿站立，或跪立俯撑，或跪膝俯撑，两手的距离大于肩部宽度约60厘米。

动作方法：1×8拍的1～4拍屈肘，同时上体接近支撑面，与肘的高度一致。5～8拍双臂用力并将自己的身体推离支撑面，根据自己的情况，反复练习。

动作要求：在做动作时保持背部的平直，收腹并使头部与脊椎骨保持在一条直线上。

（二）平躺举哑铃（杠铃）

预备姿势：脸朝上平躺在训练垫上，双脚分开平踩垫上，双手分开约肩宽1.5倍，紧握哑铃（杠铃）。

动作方法：1×8拍呼气，同时将哑铃（杠铃）向上举起，肘伸直。2×8拍保持上举姿态1个8拍，吸气。3×8拍慢慢地将哑铃（杠铃）降至胸部中间部位上方，反复练习。

动作要求：做动作时使头部和脊椎骨保持在一条直线上。如果是杠铃，把杠铃放在胸部的中间部位的上方，当上举时高度等于手臂向上伸直的长度，但不要让肘部过于用力。

（三）平躺两侧举哑铃练习

预备姿势：脸朝上平躺在训练用的垫上，双脚分开平踩在垫上，双手各提一哑铃放在大腿的前面。

动作方法：1×8拍的1～2拍双手握哑铃提至胸部附近。3～4拍向上举起，微屈肘部和腕部，并使指关节相对。5～8拍吸气，同时将双臂分别伸向身体的两侧，然后屈肘。2×8拍控制不动，反复练习4×8个拍。

动作要求：头部和脊椎骨保持在一条直线上，在体侧屈肘举哑铃时，要使双臂和肩部、胸部保持在同一水平位置上。

(四) 抬膝平躺屈臂举哑铃练习

预备姿势：屈膝仰卧平躺在垫上，双手放在大腿前面各提一个哑铃。

动作方法：1×8 拍的 1～4 拍将哑铃举至胸部的上方。屈肘并将双肘分别位于身体的两侧。5～8 拍吸气，同时双臂慢慢地伸过头顶，然后让双肘弯曲成向下的 45°角。2×8 拍呼气，慢慢地将哑铃举回胸部上方，反复练习。

动作要求：使头部和脊椎骨保持在一条直线上，当举至胸部上方时，要保持腕关节平直，指关节朝上。

(五) 扭腰仰卧起坐

预备姿势：仰卧平躺在垫上，双腿并拢屈膝，手臂屈肘抱头。

动作方法：1×8 拍的 1～2 拍用力收腹至上体或斜后倾 45°角，向右扭腰。3～4 拍上体向左扭转，5～8 拍回落至预备姿势，反复 4×8 个拍。

动作要求：保持抬头、挺胸、立背形态，用收腹力量控制转体动作，转体时头与身体动作要一致。

(六) 仰卧起

预备姿势：仰卧平躺在垫上，双手体侧上举。

动作方法：1×8 拍的第 1 拍收腹上体直立，双腿屈膝平踩地面，向左转体 90°角，右手向左腿方向延伸，左手向左后方向伸直。第 2 拍控制 1 拍，3～4 拍还原成预备姿势，5～8 拍同 1～4 拍，动作相同，方向相反，反复练习 4×8 个拍。

动作要求：保持抬头、挺胸、立背形态，利用收腹力量做上体直立转体动作。

(七) 两头起练习

预备姿势：开肩仰卧平躺在垫上，双手体侧上举，双腿并拢伸直，绷脚尖。

动作方法：1×8 拍的第 1 拍用力收腹，使上体和双腿同时抬起超过 45°角，双手与脚在最高点接触，第 2 拍还原成预备姿势，反复练习 4×8 个拍。

动作要求：保持抬头、挺胸、立背的形态，双腿并拢伸直，绷脚尖，用收腹的力量控制两头翘动作。

(八) 收腹剪腿

预备姿势：开肩仰卧平躺在垫上，双腿并拢伸直绷脚尖，双手上举贴于耳侧。

动作方法：1×8 拍双腿略抬离垫面 15°～25°角，双腿上下交替，两拍一换，2×8 拍双腿左右交错，连续练习 1×8 拍，反复练习 4×8 个拍。

动作要求：保持开肩、抬头、挺胸、立腰、立背、双腿伸直、绷脚尖的形态，用收腹的力量完成双腿 15°～25°角上下和左右交错举腿的动作。

(九) 收腹控腿练习

预备姿势：仰卧平躺在垫上，双手在身体两侧平放，双腿并拢伸直绷脚尖上举成 90°角。

动作方法：1×8 拍的 1～2 拍上体抬起用力收腹，控腿，双手用力触向脚尖。3～4 拍还原成预备姿势，5～8 拍重复 1～4 拍动作，反复练习 4×8 个拍。

动作要求：保持抬头、挺胸、立背形态，收腹时尽量使胸部贴近大腿。

(十) 模拟骑车练习

预备姿势：脸朝上平躺在垫上，双膝分开并屈膝，双脚平踩在垫上，双手抱头。

动作方法：1×8 的 1～2 拍呼气，同时将左膝抬向胸部，并抬起右肩向左膝方向靠，同时让右脚离地向前伸。3～4 拍吸气，同时左膝和右肩降向垫面。5～8 拍换方向做，但始终保持收腹的状态，反复练习 4×8 个拍。

动作要求：要尽量地使动作流畅并处于控制之下，不要让肩和脚碰到垫面。

二、双人配合练习

（一）击推双脚练习

预备姿势：学生仰卧平躺在垫上，双腿并拢，伸直，绷脚尖，双手抓住同伴的踝部。同伴分腿立于学生肩两侧，双臂伸直前平举。

动作方法：1×8 拍的第 1 拍学生双腿上举，触及同伴的双手。第 2 拍，同伴用双手推学生的双脚。3～4 拍学生用腹肌的控制力量使双腿伸直，有控制地轻轻落下，不着垫。反复练习 4×8 个拍。

动作要求：学生保持双腿并拢伸直，绷脚尖，利用腹肌力量收腹、举腿和还原成预备姿势。同伴双臂伸直前平举，学生双腿触及同伴双手时，轻轻将其双腿推回至准备位置，加大学生腹肌控制能力。

（二）斜面收腹起

预备姿势：一人平躺屈膝仰卧，屈肘叉腰；另一人坐其膝盖部，双手置于体侧，双脚勾其上臂，同时躺的一人，双手抓其小腿。

动作方法：1×8 拍的 1～4 拍坐在上面的人仰卧下胸腰，躺在下面的人双手抓其踝关节，用力收腹提上体。5～8 拍上面的人收腹起上体，下面的人慢慢将上体平躺，反复练习多次，交换。

动作要求：在做吊胸腰动作时，上面的学生要尽量放松腹部，使身体舒展，而下面的学生要做到用力控制其腿部，使其不至于晃动。

（三）收腹起上体练习

预备姿势：学生仰卧平躺在垫上，双腿并拢伸直，绷脚面，双手置于体侧。同伴跪在学生的双脚前，以双手按住学生的双脚趾关节处。

动作方法：1×8拍的第1拍学生用力收腹，使上体呈斜倾45°角姿势，控制2～4个拍，5～8拍上体慢回预备位置，2×8拍的第1拍学生用力收腹成直角坐，1～4拍控制，第5拍身体后倾45°角，6～8拍控制，3×8拍的第1拍直角坐，2～4拍控制，第5拍上体慢后倾回预备位置，控到6拍，反复练习4×8个拍。

动作要求：学生保持抬头、挺胸、立腰、立背形态，用腹肌控制做上体斜后倾动作，同伴按住学生的双脚帮助完成动作。

(四) 挺下腹练习

预备姿势：学生平躺在垫上，双腿分腿屈膝，两手于体侧，同伴背向学生分腿跪立于学生身体两侧。

动作方法：1×8拍的1～4拍学生呼气，慢慢地向上抬起下腹，使髋骨朝向身体，同时同伴双手托其髋部上提，使学生的背部上半部始终紧贴垫面，5～7拍控制3拍，第8拍还原成预备姿势，反复练习4×8个拍交换。

动作要求：在做动作过程中，始终保持头部和脊椎骨在一条直线上，同时保持正常呼气、吸气，双脚跟平踩垫面。

第五节　手臂、肩部力量和柔韧性练习

肩、臂是人上体的主要组成部分之一。肩宽窄适度，与人体总身高的比例匀称协调，可显得开阔、稳健而有朝气，突出体形的曲线美。如果肩太窄，则给人纤细软弱，无力支撑头颈的感觉；同时也会缩小胸腔体积，除影响外形美观外，更有害的是限制了心肺等内脏器官的功能。而手臂、肩部的力量和柔韧性练习能够促使上肢骨骼、肌肉韧带和肩带的正常发育，增强力量和灵活性，培养正确姿势，进一步提高肩部的控制能力，使站立形态更加优美；同时由于练习动作灵敏有力、变化多样，所以可促进上体的血液循环，增进胸部各内脏器官的营养与机能，一般采用单人练习和双人配合练习进行。

一、单人练习

(一) 后提臂夹肩练习

预备姿势：立正站好，双手臂在体后伸直握好。

动作方法：1×8 拍的 1～4 拍匀速后抬双臂至最大限度，5～8 拍双臂匀速回落至预备姿势，2×8 拍的 1～2 拍体前屈同时双手臂后举，3～6 拍控制不动，7～8 拍还原成预备姿势，反复练习。

动作要求：双手臂伸直，后夹角、抬头、挺胸，后抬臂至最大限度，上体保持直立。体前屈后举双臂至最大限度，将肩关节韧带拉开。

(二) 手臂摆动绕环练习

预备姿势：两脚分开与肩等宽，两臂在体侧自然下垂。

动作方法：1×8 拍的 1～4 拍左手向前，右手向后绕环，5～8 拍重复一次，2×8 拍 1～4 拍，左手向后，右手向前绕环。5～8 拍重复一次。3×8 拍双手同时向前绕环 2 周，4×8 拍双手同时向后绕环 2 周，反复 4×8 个拍。

动作要求：收腹、挺胸、抬头，肩关节放松，绕环时手臂划垂直于身体一侧的立圆，并随臂绕环而肩绕动。

(三) 两臂上托练习

预备姿势：两脚开立比肩稍宽，两臂在体侧自然下垂，挺胸收腹。

动作方法：1×8 拍的 1～2 拍两臂向上举起，一手掌心向上，一手拉另一手的手指，3～7 拍为一动一拍，下压下拉上顶的手。2×8 拍拉至最大限度停 1 个 8 拍，换另一手练习，反复 4 拍。

动作要求：上举时，挺胸收腹，当一手下拉时，另一手要向上用力顶，肘关节伸直，同时肩角要打开。

(四) 侧压臂练习

预备姿势：两脚分开站立，与肩同宽，两臂体侧自然下垂。

动作方法：1×8 拍的第 1 拍左手臂直臂上举，右手屈肘在头后抓住左上臂，2～8拍慢慢地向右侧拉左肩关节，1×8拍右手拉至最大限度时，控制1个8拍，慢慢放松，反复练习4×8个拍，交换手练习。

动作要求：上举手时，要收腹挺胸，在侧拉时必须慢慢地，力量由小到大，不可突然用力。同时，要尽可能拉肩侧韧带至最大限度。

（五）手臂波浪练习

预备姿势：盘腿坐垫上，两臂侧举，手心向下。

动作方法：1×8拍的1～2拍头向左看，左手高，右手低，做手臂波浪一次。3～4拍头看右边，右手高，左手低，做手臂波浪一次。5～8拍双手小波浪至头上举，2×8拍双手后振肩练习，二拍一动，反复练习8×8拍。

动作要求：保持上体立腰、立背、挺胸形态，用肩关节上提下落带动手臂波浪练习。

（六）压肩韧带

预备姿势：面对肋木上体前倾，双手臂伸直放在肋木上，双脚开立。

动作方法：1×8拍的第1拍上体用力向下压，将肩关节拉开，一拍一压，反复练习4×8个拍，压至最大限度时，控制4×8个拍。

动作要求：双手臂伸直，压肩时要保持塌腰、挺胸、抬头的形态，注意保持呼吸正常。

（七）下拉肩练习

预备姿势：背对肋木站立，距肋木大约30～40厘米，两手体后握肋木。

动作方法：1×8拍的第1拍双手与肩同宽握杆，上体前倾，2～7拍控制不动，第8拍还原成预备姿势，反复练习8×8个拍。

动作要求：练习时双脚离肋木距离不变，身体前倾，挺胸仰头，把肩关节充分拉开。

（八）侧反拉肩韧带练习

预备姿势：两脚左右开立，身体侧向肋木站立，一手握比肩稍高的肋木杆。

动作方法：1×8 拍的 1～2 拍右手扶肋木，身体向左扭转。3～4 拍还原成预备姿势，5～8 拍重复 1～4 拍，1×8 拍扭转至最大限度时，控制 1 个 8 拍，反复练习 8×8 个拍。

动作要求：在扭转身体时，两脚跟不能离垫，同时慢慢地扭转，不能突然用力，动力手的肘关节不能屈。

(九) 俯撑推起练习

预备姿势：面对肋木站立，距肋木 80～90 厘米，双手直臂撑肋木，前脚掌着垫，身体呈一斜面。

动作方法：1×8 拍的第 1 拍双手屈臂，第 2 拍推起还原，听口令反复练习，约 15～25 次一组。

动作要求：在屈臂时，胸部贴近肋木，同时双手用力撑住，推起，膝盖不能屈。

(十) 跪立上体前行练习

预备姿势：双腿并拢，跪垫，双手直臂垂直撑垫。

动作方法：1×8 拍的第 1 拍重心后移，低头，第 2 拍屈臂从头至胸腹贴近垫面，3～4 拍成腹撑。5～8 拍按原动作路线还原成预备姿势，反复练习 8×8 个拍。

动作要求：屈臂时从头经胸至腹，依次贴近垫面，撑地时抬头，挺胸，上体后倾。

(十一) 双臂悬垂练习

预备姿势：双脚立正站立，两手置于体侧。

动作方法：跳上，两手握杠，握距比肩稍宽，两腿并拢，全身绷直，两肩下沉，控制悬垂 20～60 秒，练习 3～5 次。

动作要求：在悬垂时有节奏地呼吸，不要憋气。

(十二) 拉皮筋练习

预备姿势：面对肋木站立，把皮筋从肋木上穿过，双手拉于胸前。

动作方法：1×8 拍的 1～4 拍前腿弯曲，后腿蹬垫，手拉皮筋上举，向后伸出双臂，头随后仰至极限。5～8 拍还原成预备姿势，反复练习 20～30 次，然后直臂下拉 20～30 次。

动作要求：向后拉皮筋伸展双臂时，不能屈肘，同时也要挺胸、抬头。

(十三) 双臂持哑铃练习

预备姿势：两脚分开与肩同宽，两臂伸直，两手推哑铃置于体侧，呈站立姿势。

动作方法：1×8 拍的 1～2 拍两臂用力屈肘，将哑铃举至肩侧。3～4 拍两臂用力将哑铃举至头上方，两臂伸直。5～6 拍两臂头后屈肘。7～8 拍两臂用力伸肘，将哑铃还原成预备姿势，反复练习 10～15 次。

动作要求：收腹、挺胸、抬头，肩发力。

(十四) 踩拉皮筋

预备姿势：双脚并拢，踩在皮筋中部，双手体侧握皮筋头。

动作方法：1×8 拍的 1～2 拍双手拉皮筋至体侧，3～4 拍还原，5～6 拍双手拉皮筋至斜上举位置，7～8 拍还原，2×8 拍的 1～4 拍，拉侧平举，5～7 拍控制不动，第 8 拍还原，3×8 拍的 1～4 拍拉至斜上举，5～7 拍控制不动，第 8 拍还原。

动作要求：身体保持正直、收腹、抬头。在做动作时，手臂始终保持直臂，并配合好呼吸节奏。

二、双人配合练习

(一) 拉肩

预备姿势：学生跪坐在垫上，双手相握上举；同伴站立在学生的背后，拉住学生的双手。

动作方法：同伴用一膝盖抵在学生的后背处，一手拉其腕关节，一手推其肩部，一拍一动，做 2×8 个拍后，拉至最大限度用力控制 2×8 个拍。

动作要求：学生要保持正常的呼吸节奏，双臂上举时肘关节不能弯曲，同时微低头。

（二）双人压肩

预备姿势：两人面对面站立，双手伸直互搭肩上，双脚开立。

动作方法：1×8 拍的第 1 拍前半拍上体下压双肩伸直振动一次，后半拍上体稍抬起，连续练习 4×8 个拍。5×8 拍的第 1 拍，上体下压至最大限度，控制 4×8 个拍。

动作要求：双臂伸直，塌腰、抬头、挺胸，将肩关节韧带拉开。

（三）跪立压肩

预备姿势：学生跪立在垫上，双手贴耳朵前举撑垫，同伴分腿站在学生背后。

动作方法：1×8 拍的 1～4 拍同伴轻轻地压在学生的双肩上，5～8 拍静止压着不动，2×8 拍在 1×8 拍下压力量的基础上，下压力量加大，一拍一动。3×8 拍控制不动，施最大力量（学生能够承受），反复练习，交换。

动作要求：学生在做动作时要抬头挺胸，注意呼吸的节奏，同时同伴施加压力要慢由小至大，不能突然发力以免受伤。

第五章　高校形体教学及训练实践

第一节　形体训练的教学

一、形体训练的教学原则

体育教学原则是体育教学过程客观规律的反映，是通过长期教学实践积累起来的经验总结，对体育教学活动具有普遍的指导性意义。在形体训练教学过程中，应根据该项目的特点，正确地贯彻与运用体育教学中的各项基本原则。

（一）教师主导作用与学生自觉性相结合的原则

形体训练的教学过程是教师与学生相结合的双边活动，师生双方的自觉性和积极性是决定教学效果的重要因素，其中教师的积极性和主导作用的发挥更为重要。因此，教师应具有强烈的事业心，精通本课程的理论、技术和教学方法，善于启发和调动学生的积极性，注意对学生能力的培养，使他们的才能得到充分地发挥。贯彻此原则应注意以下几点。

第一，教师要以自己严格认真、亲切耐心的教态和有条理的教学组织以及丰富的知识引导和教育学生，并通过向学生讲解形体训练的锻炼价值、开展这项活动的重要意义等，使学生热爱该项运动，指导启发他们对形体训练姿态美、动作美、音乐美及情感美等的感知与表现，启发学生的学习主动性。

第二，形体训练是一项女生所喜欢的、讲究美的运动项目，在教学中必须抓住女生爱美的这一特点，同时还需注意女生易害羞、爱面子等心理特征，在教学中应耐心，并且应以表扬和肯定进步为主。教师在评定成绩时，要做到客观、准确、实事求是，不断树立其对学习该项目的信心。

第三，教师要不断深入地了解学生，在教学过程中应从实际出发，抓住学生在学习中的技术关键和难点，熟练地运用教学方法，使其顺利完成学习任务。

第四，教学相长。教师要有“学而不厌，诲人不倦”的精神，不断以新的知识充实和丰富自己，不断把新的科学技术成果运用到自己的教学实践中，尽量做到科学化、现代化。教师还要善于发现学生学习中所表现出来的独创精神，并给予积极的培养和鼓励，并善于从中得到启发，从而不断改进教学方法。

第五，教师的自身表现应以“美”为准则，使自己的言行仪表给学生以美的直观感受。如饱满的情绪、整洁合体的运动服装、准确优美的动作示范、谈吐高雅、举止大方、为人师表等都可以提高学生的学习兴趣。

（二）直观与思维相结合的原则

直观与思维相结合的原则是根据人们对客观事物和现象的认识规律所提出的教学原则。学生通过视觉、听觉、触觉肌肉本体感觉来感知所学动作的技术，也就是学生将所看到、听到和肌肉在时间、空间感觉到的用力程度等，通过思维活动反复思考并加以多次实践（模仿练习），使之形成正确的动作概念。贯彻此原则应注意以下几点。

第一，教师的示范动作是最生动的直观教学，形体训练要求优美性、艺术性、实效性。因此，教师示范动作应准确、优美、规范，有表现力，这是学生在课堂上直接受到动作的正确形象接受美育的重要因素，对建立正确概念、强化动作要领、迅速掌握动作技术都有着十分重要的意义。另外也可利用图片、录像、多媒体等其他直观教学手段，让学生有目的地进行观察。

第二，教师生动形象的讲解具有直观作用。在学生学习动作技术时，不能完全依靠观察，还需要教师生动简明形象的讲解及提示，通过生动的直观和形象的语言，加深学生对教材的理解，以使学生进一步明确技术要领及动作要求。

第三，学生看完示范，听完讲解后，还必须通过反复的实际练习，通过肌肉本体感觉来感知正确要领、肌肉用力的程度和方法以及动作的节奏感等，从而对动作建立起正确的表象和概念。

第四，要启发学生积极进行思考。在教学中教师要善于启发学生独立思考，发挥他们的想象和独创精神。对所学理论及技术不仅要知其然，而且要知其所以然，这样就能使学生从看、听、练中得到的感性认识上升到理性认识。教师要善于启发和诱导学生通过对动作的比较分析，加深对动作技术、动作各部分之间、动作与动作之间联系的理解以及区分正确动作与错误动作的界限，更好地掌握专项知识和技术，从而能举一反三，触类旁通。

（三）循序渐进的原则

形体训练手段繁多，从单个动作到成套动作组合，从徒手到器械，从把上练习到把下练习，从个人练习到集体练习等，因此，在教学内容、教学顺序上要进行科学的安排，逐步深化，同时在运动量及能力培养上也应遵循循序渐进的原则。贯彻此原则应注意以下几点。

第一，教材安排应由易到难、由简到繁、由单个动作到组合动作最后到成套动作、由基本动作到难度动作。安排各类动作练习时，应前后衔接、承前启后，逐步提高，在学习掌握一个动作后就要发展、变化、加大难度。同时也要考虑各类动作之间的横向联系，先学习的内容为后学内容的基础，不断扩大教材的深度和广度，要考虑各类动作之间的互相促进、动作技能的转移和身体素质的转移等因素。使教材具有系统性、科学性、渐进性。

第二，教学步骤一般应按由把上练习到把下练习，由原地练习到移动中练习、由局部动作到全身动作、由慢节奏到正常节奏这样一个循序渐进的教学程序进行。

第三，运动量安排应由小到大、小中大相结合，使其按“适应—加大—再适应—再加大”有节奏地螺旋式上升。练习量必须根据学生的素质水平、技术水平及接受能力等各种实际情况进行安排。

第四，能力培养应循序渐进地贯穿在整个教学过程中。学生在学习掌握动作技术、技能的同时，各种能力也应逐步得到相应发展。如单个动作的教学能力、机械动作组合的能力、创编动作组合的能力、全课的教学组织能力等应有计划地安排在教学的各个学期。

(四) 一般要求与因材施教相结合的原则

教师要使学生都能按照教学大纲、教学计划的统一要求，完成教学任务，又要根据每个学生身体素质、技术水平、专项意识及智力条件等方面的差异性进行个别对待的教学。贯彻此原则应注意以下几点。

第一，教学内容应符合大多数学生的实际水平，使他们都能接受。同时要采用适当的教学方法，恰当地规定教学任务，使学生尽快掌握动作技术、技能，达到教学的一般要求。

第二，应防止学生达到教学要求后止步不前，要因势利导，敢于突破统一要求，提出新的任务，发挥学生已经具有的优势和创造精神，使他们的学习再前进一步。

第三，必须恰当选用集体的与个别的教学形式。尽管教学主要是采用集体教学的形式，但也应使个别对待寓于其中。除对所学动作提出一般的要求外，还需根据每个学生的不同情况及出现的特殊错误动作采用不同的教法，进行个别纠正，提出不同的要求和任务。

(五) 身体全面发展的原则

人体各部位之间、各器官系统的功能之间、各种身体素质之间是相互联系、相互制约的。形体训练的特点在于自然、协调的运动，对全面均衡地发展身体有着积极的影响。但各类动作各有其特点，不可能全面地发展身体各部位或各种能力。如跳跃动作以发展腿部力量为主；转体动作以发展灵敏、控制能力及前庭分析器功能为主等，因此，教学中应重视学生身体的全面发展，以促进其掌握各种动作技能，保证教学任务的顺利完成。贯彻此原则应注意以下几点。

第一，在制订教学计划时，应注意各类教材的搭配，使学生身体得到全面发展（使学生在训练中不感到枯燥，提高学生的积极性）。

第二，在安排每节教学课的内容时，应注意在动作的性质、形式、运动量及身体素质等方面的合理性。如步法类练习后，应安排躯干部位或上肢动作练习；原地动作后应安排移动动作；一堂课中既要安排柔韧性练习，也应安排力量性练习等，以使身体各部位、各种素质都能得到全面锻炼。

第三，考核项目和内容的确定，要考虑全面发展学生身体。如各类组合，各类基本动作技术及各种项目等，使学生在通过考核的同时也能达到身体功能的全面锻炼。

（六）巩固与提高相结合的原则

该原则是根据运动技能形成的规律提出来的，在形体训练教学中必须遵循。学生所学到的技术和技能只有通过不断地巩固和提高，使其进一步完善和深化，才能建立动力定型。在教学中必须通过合理的教学方法及有计划地安排练习与作业强化所学的动作技术，使巩固与提高的任务达到预期的效果。贯彻此原则应注意以下几点。

第一，要使学生在课上有足够的练习机会，并要按正确动作要领进行练习。只有通过多次的重复练习，才能巩固在大脑皮质建立起来的动力定型。因此，教师要进行精讲，抓住主要问题进行精练讲解，才能保证学生多练。

第二，在复习巩固已掌握的技术动作时，可采取加难的方法，从而使已获得的运动技能逐渐得以提高，运用自如。如在已学动作的基础上，编排各种组合或成套动作练习；改变开始姿势和结束姿势；改变动作速度、节奏和力度进行练习等。

第三，形体训练以组合或成套动作作为表现形式，用评分来衡量动作质量效果的项目。对已掌握的动作，要不断提出更加完善的质量要求，加大动作幅度，提高动作的表现力。

第四，采用评定成绩、测验、表演和教学比赛等形式，巩固提高所学技术动作的熟练性。

二、形体训练的教学方法

形体训练拥有一套非常完整的练习体系，拥有严谨的教学步骤和多样的练习方法。良好的练习方法有助于学生顺利掌握形体训练的学练方法，这里主要阐述几种常见的和现代新型的形体训练教学方法。

(一) 常见教学方法

1. 语言法

体育教学中运用各种形式的语言，指导学生掌握学习内容，进行练习的方法是语言法。其能同时向许多学生传递有关信息，正确运用语言法能启发学生的思维，形成正确的认知，促进学生运动技能的形成，培养学生分析问题与解决问题的能力，激发学生学习锻炼的积极性，活跃课堂气氛，融洽师生关系。语言法在形体训练中非常实用。语言法主要包括讲解法、口令与指示、口头评价、口头汇报、默念与自我暗示。

(1) 讲解法

讲解法是形体训练中运用最为普遍的语言法形式，它是指教师将教学的任务、内容、要求、动作名称、动作要领等用语言向学生说明，从而进行教学的一种方法。讲解法在理论教学、思想教育和技术教学中都起着重要的作用。实际教学中教师运用语言启发学生积极的思维，加深对教材内容的理解是促进学生对技术、技能掌握的基本方法。讲解的科学性和艺术性非常重要，在很大程度上影响着教学效果，是教师教学水平的一个重要标志。在教学过程中要不断进行经验总结，在语言表达上精益求精是教师需做的工作。形体训练中，讲解法的运用有以下几点需要注意。

第一，注意讲解要明确目的。体育教学中教师的讲解必须根据教学目标、教学内容、学生特点来具体选择讲解内容、讲解方式、讲解的速度、讲解的语气，抓住重点与难点，有目的、有针对性地讲解。

第二，注意讲解要系统逻辑。系统性和逻辑性是运用讲解法需要重点注意的。这就要求体育教学中教师讲解的内容必须科学、全面、完整，注重新旧知识的有机联系。教学大纲的要求和教材的特点以及学生的认知规律都是讲解法运用时需要考虑的因素，讲解时要从简到繁，由浅入深。技术动作讲解要注意顺序性，一般按照动作形式→用力顺序→动作幅度、衔接和速度→原理依据→动作节奏等的顺序进行。此外，讲解时动作的过程、身体各个部分的位置以及运动方式等还必须用专业术语进行描述。

第三，注意讲解要具有启发性。讲解的启发性要求教师在讲解时运用的语言要具有启发性，让学生分析问题时充分利用自身的知识和经验，自觉地解决技术中存在的错误，使其对技术动作的理解得到加深，自觉学习的积极性得到调动。在提问时，教师的语言要深入浅出，从而使学生对技术要求知其然，并知其所然，起到事半功倍的效果。

第四，注意讲解要简明生动。简明生动也是运用讲解法需要注意的问题。运动技术具有鲜明的动作性，教师要善于借助学生在生活中已经接触过的事物或已经学过的运动技术，与所学运动技术产生联系，帮助学生更好地理解动作。另外，在运动技能教学中，要抓住重点，简洁明了地讲解所学内容。

第五，注意讲解的时机和效果。运用讲解法时还要把握住有利时机，只有抓住最有利的讲解时机，才能最大限度地帮助学生快速准确地掌握动作要领，这就要求讲解要及时。在刚学习某一形体训练项目动作时，应该详细讲解分析技术的动作要点，因为此时学生对技术还不了解。等学生基本掌握了技术后，则应以精讲为主，讲解要针对错误进行，留更多的时间让学生自己去练习和改正错误。细致观察和准确分析是教师把握讲解时机必需的素质，抓住了问题所在，并加以及时讲解，自然会有好的效果。

第六，注意讲解与示范结合。讲解还要注意与示范相结合。示范主要展示动作的外部形象，讲解则能反映技术的内在要求，讲解和示范是相互补充的。正确的动作示范配以生动形象的讲解，能够引导学生将直观感觉和理性思维很好地结合起来，达到更好的教学效果。

(2) 口令与指示

口令是有一定的形式和顺序，有确定的内容，并以命令的方式指导学生活动的语言方式。在形体训练中，口令的运用应做到洪亮、准确、清晰、及时，并注意根据人数、队形、内容、对象等特点控制声音的大小、节奏的快慢等。

指示是运用比较简明的语言，组织指导学生活动的语言方式。口头指示一是在组织教学中运用，如布置场地、收拾器材；二是在学生练习未能意识到的、关键的动作时用简洁的语言提示出来，口头指示应准确、及时、简洁，尽量用正面词。

(3) 口头评价

口头评价是指形体训练过程中，教师按一定的标准、要求，口头给学生进行一定评价的方法。口头评价运用很广泛，是教师对学生掌握知识、技术、技能的情况和思想作风等方面表现的一种反馈。在运用口头评价时应注意几点，如坚持以正面鼓励评价为主；否定的评价要注意分寸与口气；要能指明努力方向，提供改进提高的方法。

(4) 口头汇报

口头汇报是教师要求学生根据教学目标和自身的体验，简明扼要地说明自己的见解、想法的语言方式。形体训练中运用口头汇报时，应注意提问的内容、时机、方式，并在事前做好相关的准备。

(5) 默念与自我暗示

默念是学生在形体训练实际练习前，通过无声语言重现整个动作或动作的某些部分的过程、重点、时空特征，以提高练习效果的语言方式。自我暗示是指在练习过程中，学生暗自默念技术动作的关键字句，自我调控练习过程的语言方式。

2. 直观法

体育教学中教师通过实际的演示或外力帮助，借助学生的视觉、听觉、触觉、肌肉本体感觉器官直接感知动作的方法便是直观法。直观法也是形体训练运动教学的常用方法。在形体训练中，常用的直观法的具体方式有：动作示范、直观教具与模型演示、电影、电视、幻灯、投影、录像、定向与领先、助力与阻力等。

（1）动作示范

动作示范指教师（或学生）以具体动作为范例，使学生了解所要学习的动作规范、结构、要领和方法，其在形体训练中运用得非常普遍。动作示范具有简便灵活、真实感强、针对性高的优点。教学中教师应经常研究探讨，不断提高动作示范的质量。具体运用动作示范法时，应注意以下几个方面的问题。

第一，要有明确的目的。运用示范时，教师一定要有明确的目的，并注意结合教学内容、学生特点、客观条件等，选择动作示范的次数、速度、位置、方向、示范与讲解结合的方式。

第二，重点和难点要突出。形体训练的示范教学过程中，各技术动作的重难点及关键必须得到鲜明的展示，并以简明扼要的讲解作为辅助，这样就使学生对动作的要点和关键的掌握更加清楚，也能顺利解决其他问题，动作的学习也能更顺利地完成。

第三，动作示范的位置要合理。形体训练过程中应根据学生队形和方位，示范动作的技术特点及安全要求，合理而准确地选择示范位置，如果示范的位置选择不当，则会影响部分学生的观察和模仿，进而形成错误的动作概念，影响教学效果。

第四，动作示范要准确优美。动作示范的准确优美与否直接关系到教学效果的好坏。优美的示范可对学生产生巨大的吸引力和引导性，为学习创造良好的心理与生理条件，加快运动条件反射的建立。另外，示范动作必须层次清楚，基本动作、慢动作、分解动作环环相扣，循序渐进。

第五，动作示范的时间要科学。形体训练中，何时进行动作示范可以根据教学对象和动作的难易来决定。有的可以先示范，后讲解，再练习；有的可以先讲解，后示范，再练习；也有的可以先练习，再示范讲解；或者也可以边练习边讲解示范。动作示范的时机掌握应该依据不同的教学内容来选择。

第六，动作示范要正误对比。教师在进行正确技术示范后，可以形象地模拟一下常见的或典型的错误动作，这样可以使学生在学习新动作时，更清楚地建立动作概念，预防错误动作的发生，在纠正错误动作时，明确自己的错误所在。通过鲜明的对比，学生对正确技术和错误动作都会有更明确的认识。

（2）直观教具与模型演示

直观教具与模型演示指通过挂图、图表、照片等直观教具所进行的一种教学方法。教师的示范往往时间短暂，而教具则可以长时间观摩，而且还可根据情况突出某个细微的环节，所以应充分利用图表、模型和照片等直观教具。采用该方法有助于学生建立正确的动作形象，了解技术动作的全过程。直观教具与模型演示要有明确的目的，要有适宜的演示方式，注意演示的时机，并注意与讲解示范结合运用。

（3）电化教学

电化教学方法是利用电影、录像、多媒体等现代电化教学手段进行教学的，是一种生动、形象、富有真实感的教学方法。该方法的灵活运用，能引起学生的学习兴趣，有助于学生明确技术的进程，还可以根据教学的需要放慢动作，甚至定格，对动作进行深入地分解和剖析。

（4）定向与领先

定向是以相对静态的具体视觉标志，如标志物、标志线、标志点，给学生指示动作方向、幅度、轨迹、用力点。领先则是以相对动态的、超前的视觉为信号。在运用定向与领先方法时，要根据教学内容、对象特点合理设置视觉标志。

（5）助力与阻力

借助外力帮助或对抗力的阻碍，使学生通过触觉和肌肉的本体感觉，直接体会动作的要领和方法，多在初学或纠正错误动作或体会某一动作细节时运用。

3. 完整法

从动作的开始到结束，不分部分和段落，完整地进行教学的方法便是完整法。其优点在于能保持动作的完整性，不会破坏动作的结构和各部分之间的内在联系，便于学生完整地掌握正确技术。一般动作比较简单，或者动作虽然比较复杂，但难以进行分解的技术，或为了不破坏动作结构时采用完整法，运用完整法有下面几种常用方式。

（1）直接运用

在教授一些简单、易于掌握的动作时，教师讲解示范后，学生直接进行完整动作的练习。

（2）强调重点

在教授一些较为复杂的动作时，教师要求学生完整练习时，要注意动作学习的重点，甚至在完整练习中将某一环节单独学习。

（3）降低难度

在完整练习时，减轻投掷器械的重量，跳高横竿的高度，跑的距离与速度或徒手完成一些本来持器械的完整动作等。

（4）改变练习的外部条件

如在练习前滚翻时由高处向低处完成动作，在外力的帮助下完成完整动作。

4. 分解法

把一个完整动作的技术合理地分成几个部分，按部分逐次进行教学，最后完整地掌握动作技术的方法便是分解法。分解教学能化繁为简，化难为易，使复杂的动作变得简单明了，从而简化教学过程，增强学生学习的信心，有利于学生更快更好地掌握复杂动作。在进行分解教学时，要使学生明确所划分的部分在完整动作中的位置与作用；同时还要考虑到各部分动作之间的有机联系，使动作部分的划分不致改变动作的结构通过分解教学基本掌握所授动作之后，应适时向完整动作练习过渡，以便更快地掌握完整技术。应明确分解只是手段，完整才是目的。

5. 预防与纠错法

预防与纠错法是在动作技能教学过程中，针对学生形成与掌握运动动作中产生的错误动作及其原因，采取有效的手段与措施。预防与纠正错误是有机联系的，对于一个动作错误的预防措施，也可能是这一动作错误的纠正手段。预防具有超前性，能预见学生可能出现的动作错误，准确找出可能的原因，主动地、积极地采取有效的手段与措施，“防患于未然”。纠正具有鲜明的针对性，既能及时准确地发现学生的动作错误，又能正确分析产生动作错误的原因，采取有效的手段，尽快纠正。

教师预防与纠正动作错误可以采取相应的手段或措施，具体包括以下方法。

（1）强化概念法

强化正确的动作概念，促进正确动作表象的形成。通过加强讲解、示范，结合学生已有知识对比的讲解示范，使学生明确正确与错误动作最主要的差异在哪里，主动避免与及时纠正错误动作。

（2）信号提示法

当学生在练习中由于用力时间或空间方向不清楚而出现动作错误时，可以用听觉信号，口头提示学生的发力时间、用力节奏等；还可以用标志线、标志点、标志物来标明动作方向、幅度等。

（3）转移法

学生因为恐惧和焦虑或旧运动技能影响而形成错误动作时，应采取变换练习内容，采用一些诱导性、辅助性练习，将学生从已经形成的动作错误中转移出来。

（4）外力帮助法

在学生由于用力的部位、大小、方向、幅度不清楚而出现动作错误时，教师可以运用推、顶、送、托、拉、挡、拨等外力，帮助学生建立正确动作的本体感觉。

（5）降低难度法

在学生完成动作过程中，由于体能与紧张心理造成动作错误，教师应运用改变练习条件、降低作业难度、分解完成动作等方法，以便学生在相对容易的条件下完成动作。

6. 竞赛法

形体训练的最高要求就是参加形体展示比赛。而在日常的训练中，也可以将形体比赛的场景移植过来，作为经常开展的教学方法。这种在比赛的条件下组织学生进行练习的方法便是竞赛法。

竞赛法具有激烈的对抗性、竞争性，学生要承受很大的运动负荷，能促进学生最大限度发挥机体的功能，有利于培养学生良好的思想意志与道德品质。运用竞赛法时应注意以下几点。

第一，明确运用竞赛法的目的，无论是内容的确定、竞赛方式的选择还是结果的证实，都要服务、服从于教学目标。

第二，合理配对、分组，无论个人与个人比赛，还是组与组比赛，都要注意学生的实力比较均衡，或创造较为均衡的条件。

第三，合理运用，竞赛法通常是在学生较为熟练地掌握动作技术的前提下运用，并注意对学生完成动作质量的评价和要求。

7. 游戏法

在规则许可的范围内充分发挥个人主动性和创造性，完成预定任务的方法便是游戏法。运用游戏法时应注意以下几点。

第一，根据教学目标，选择合适的活动内容与形式，采取相应的规则与要求。

第二，在教育学生遵守规则的同时，鼓励学生充分发挥主动性、创造性。

第三，认真做好游戏的评判工作，要客观公正地评价游戏的结果，包括胜负以及学生在游戏中的表现。

（二）现代教学方法

1. 自主学习法

自主学习又称“主动性教学”，它是为实现教学目标，学生在体育教师指导下根据自身条件和需要制定目标、选择内容、规划学习步骤、完成学习目标的体育学习模式。其优点在于有利于确立学生的主体地位，激发学生学习体育的热情；有利于培养学生的体育学习能力，为终身体育奠定基础；有利于提高教师体育教学的学习效果，学生在体育课程中学习效果主要不是由教师教多少决定，而是由学生如何接受、如何学习、如何练习决定。

自主学习具有能动性、独立性和创造性的特点。能动性指学生自律学习，主动学习。掌握知识技能、探索未知、提高自身的动机是学习活动开展的基础。独立性是独立开展体育学习活动，根据自己的体能、技能情况，制定目标、选择内容、寻找方法、评价结果。创造性是学生在体育学习中，能运用独特的思维、手段，富有独创性地探索解决体育学习的问题，寻找解决知识技能、发展身体的独特方法。自主学习的教学步骤包括以下几点。

第一，自定目标。依据学习目标，恰如其分地分析估计自己的能力，充分发挥潜能，自己确定学习目标。

第二，自主选择学习活动与学习方法。学生运用所学到的知识和已有的经验，合理地安排和选择达到目标的具体学习活动。

第三，自主评价。学生能依据体育学习目标，对自己的学习状况进行观察、分析、反思，看到进步与发展，找出不足与问题。

第四，自我调控。对照学习目标，分析学习情况，及时调整学习目标，改进学习策略和方法，及时恰当地“纠偏”，以促进体育学习目标的达成。

2. 探究式学习法

探究式学习是教师在教学过程中引导学生在体育与健康学科领域或体育活动过程中选择和确定研究主题，创设类似于研究的情境，通过学生自主、独立地发现问题、实验、操作、调查、搜集与处理信息，表达与交流等探索活动，获得体育知识、运动技能、情感与态度的发展，特别是探索精神和创新能力的发展的学习方式。

(1) 探究式学习法的特点

①问题性。问题性是指探究学习总是从创设各种问题开始的，并以此引发学生学习的动机，使其积极参与学习活动。

②实践性。实践性是指探究学习时学生实际参与问题的研究，通过实践加以拓展认识，加深对问题的理解。

③参与性。参与性是指在探究学习中，学生必须实际参与各种实验、练习、调查、搜集与处理信息、表达与交流等活动。

④开放性。开放性指在探索学习中问题的答案或解决问题的途径并不是唯一的，往往可能有多种答案或途径，对于培养学生的开放式思维具有重要的作用。

（2）运用探究性学习法的教学步骤

①提出问题。体育教师应根据学生已经学习与掌握的知识理论，结合所学的具体内容为学生提出具有多种可能性的问题。

②分组讨论。在体育教师提出问题后，将学生分成若干个学习小组，各自提出假设与解决问题的方案。

③验证方案。各组根据教师的指导与要求将假设与方案运用于体育与健康学习活动的实践中，验证假设与方案。

④评价与提高。在小组探究的基础上进一步对解决问题的过程与效果进行评价，激发学生的探索热情，提高学生的创造性思维能力。

（3）运用探究式学习法的注意问题

①合理设置问题。合理设置问题即体育教师提出的问题应充分考虑学生的基础与学习内容的特点，要能激发学生的探究动机。

②鼓励学生积极探究。体育教师应有目的、有意识地鼓励学生提出问题，大胆创新，对于学生在探究过程中出现的不足，甚至错误，应予以宽容、理解。

③充分发挥小组的集体智慧。体育教师应注意充分发挥小组成员的集体智慧，群策群力，各显神通，取长补短。

④注意运动技能学习的特点。运动技能的探究学习，不仅是解决懂不懂、知不知，更是解决会不会的问题。要注意结合学生的体能和运动技能的基础，注意运动的安全。

3．发现式教学法

发现式教学法又称问题法，是从学生求知心理特点出发，以发展学生创造性思维为目标，以解决问题为中心，以结构化的教材为内容，使学生通过再发现的步骤进行学习的一种教学方法。

（1）运用发现法的教学步骤

①提出问题或创设问题的情境，使学生在这种情境中产生疑难和矛盾，按照教师提出的要求带着问题去探索。

②学生通过反复练习，掌握动作技术的基本原理方法。

③组织学生提出假设和通过实践进行验证，开展讨论与争辩，对动作技术的原理方法和争论的问题作出总结，得出共同的结论。

（2）运用发现法的注意问题

①教师善于提出问题，激发学生的学习热情。学生首先要有问题的意识，并能积极和善于提出问题。教师要善于创设问题情境，激发学生的学习热情。

②要因势利导，运用已知，探求未知。运用发现法时，教师应注意根据学生已有的知识经验和运动技能基础，提出适当的问题。

③要善于设问质疑，利用矛盾，启迪思维。体育教师要善于在学生无疑处质疑，利用体育活动中出现的各种矛盾，启发学生的思维。

④采取由简到繁，由个别到一般，由具体到抽象，步步深入的方法。

⑤要集中力量，突出重点，突破难点，消除疑点。在学生发现问题、解决问题的过程中，教师要引导学生抓住问题的重点。

⑥要鼓励学生标新立异。留下悬念，让学生继续探索。

4. 合作学习法

合作学习法是学生在小组或团队中，为完成共同的任务，有明确的责任分工的互助性学习的形式。

（1）合作学习的特点

①小组成员之间的相互依赖。每个成员都认识到自己与小组及小组内其他成员之间是同舟共济、荣辱与共的关系，每个人都要为自己所在小组的其他同伴的学习负责。

②个人责任。所谓个人责任是指小组中每个成员都必须承担一定的任务，小组的成功取决于所有组员个人的学习。

③社交技能。教师最好在传授专业知识的同时教学生掌握必要的社交技能。

④小组自评。为了保持小组活动的有效性，合作小组必须定期地评价小组成员共同活动的情况。

⑤混合编组。在组建合作学习小组时应保证小组成员的多样性，可以激发出更多的观点，形成更深入、更全面的认识。

（2）运用合作学习法的教学步骤

①进行组内异质、组间同质的分组。根据班级的规模、场地器材、学习内容，将学生分成若干个 6～8 人组成的异质合作学习小组，组与组之间同质。

②制定合作学习小组的学习目标。在教师的指导下，根据本单元的学习主题，由小组的全体成员共同确定学习目标。

③选择学习的具体课题，并进行组内分工。具体课题应由师生共同研究确定，具体课题的选择与进行源于学生的“最近发展区”。

④合作学习的具体实施。在小组长的组织下，围绕学习的主题，小组成员各司其职，各尽其能，共同完成学习任务。

⑤小组间的比较与评价。小组间进行交流与反馈，教师和其他小组的学生进行分析；分享学习与研究的成果，纠正不足，提高学习能力。

⑥学习效果的评价。从合作技巧、合作效果、合作是否愉快、进步程度等方面对合作小组和个人进行评价，并做好记录。

专业形体训练是针对专业舞蹈演员和学生的，有一定的专业难度，如双脚外开一般人就很难做到。但根据相同的原理，可以用简化的方法替代，如正常站立时，把前脚垫高（前脚踩一本书），也可以强制重心后移，矫正驼背，这也是很多舞蹈教师使用的形体训练方法，主要针对初学者，降低难度。同样，在日常生活中，还可以使用鞋底前高后低的形体训练鞋，也是垫高前脚，强制重心后移，这样可以在日常生活中逐渐矫正不正确姿势，挺拔体态。

三、形体训练的教学要求

形体训练是教师按照教学计划的要求，向学生传授形体训练的知识、技术、技能及发展他们的身体，并对其进行思想教育的过程。

由于形体训练动作类型丰富多样，因此，在教学中必须根据学生具体情况（年龄、性别、素质、技术等），恰当合理地选择教材和运用教法，因人施教。教材内容一般应由易到难，由简到繁；动作速度由慢到快；先学单个动作，再进行组合练习；较复杂动作先分解教学，再完整练习。

在教学中应重视教师自身表现和主导作用的发挥，这对学生获得形体姿态的直观感觉有着重要作用。例如，教师饱满的精神面貌、整洁合体的运动服装、优美激情的动作示范、简练生动的要领讲解、准确清楚的拍节口令、及时的动作提示与错误纠正等，对激发学生的学习兴趣，促进其对形体训练的喜爱及顺利完成教学任务等都起着极为重要的作用。

应重视表现力的训练。表现力是通过面部表情和身体动作两方面表现来完成的。一套完整优美的形体训练如果缺乏生动的表现力，将失去形体训练的生命力。纯朴、自然、真实、富有激情的表现力，能给人以美的享受，会起到感染人、激励人的作用。表现力的训练包括神态、气质和风格三个部分，训练手段有以下几点。

第一，神态训练。主要指表情和身体姿态的完美统一，需要通过教师的启发，引导学生自身情感的投入，并经过艺术加工，使举止有情，动作有意。

第二，气质训练。气质是内在的品质，其外部表现应该是刚强与柔韧的有机结合。形体训练动作中很多具有“刚”与“柔”的双重性。如踢腿动作，既要快速有力，又要踢得高而富有弹性，同时上体挺拔，面带微笑，自然朴实，给人以刚毅和自信感。

第三，风格训练。由于每个人所受的文化教育、地域风俗、民族特点的影响不同，其技术风格、动作风格也各不相同。所以，教师要根据每个人自己的文化背景，扬长避短，突出其特点地进行训练。

应重视基本姿态训练。正确的身体姿态是表现形体训练的关键。在形体训练教学中应严格训练身体各部位的基本姿态，使其符合形体训练的要求。正确的动作姿态训练一般经过两个阶段：第一阶段，建立正确的动作姿态，使其形成动力定型。通过持之以恒地运用正确意念来控制动作的训练过程，使其形成正确的动力定型。第二阶段，在通过形体训练来塑造形体的同时，还要美化充实心灵，要求训练时寓情感于动作姿态之中，使其具有感染力。

通过身体各部位不同方向定位的本体感觉练习，如腿向下同方向的屈、伸、踢、旋、绕、弹动、跑和跳、髋部平移、转动、翻动、掀动、扭动；躯干部胸腰肌肉群紧张与放松；上肢屈、伸、摆、绕、旋转等练习，建立身体各部位的准确姿势所必须具有的本体感觉。

把杆练习。紧密结合形体训练的训练特点，重点应训练脚背的勾绷、下肢的延伸、挺拔和开度以及对身体各部位肌肉的控制和用力等练习。如借助把杆进行不同方向的踢腿、控腿、弹腿、身体屈伸、波浪、移动、转体等动作。

律动训练。通过屈伸、绕环、摆动、波浪、弹性、松弛等律动性强的基本练习，掌握全身各部位参与运动的正确方法和用力节奏，使身体动作的幅度增大，韵律感增强。

舞姿训练。通过舞蹈基本步伐及动作训练，充分发挥胸、腰、髋部位潜在的表现力。在锻炼躯干部位灵活性的同时，培养优美的姿态、漂亮的手势、灵活的关节以及节奏感、音乐感和身体各部位的综合协调能力与表现能力的统一。

在形体训练教学中，在掌握若干个单个动作的基础上，应重视并及时进行组合动作的教学。形体训练各类组合练习可以培养学生的协调性、韵律感、表现力，是巩固和提高所学各类动作技术的有效手段。所编选的组合动作应符合教学任务及学生水平，如对初学者应编排以巩固基本动作为主的、简短的、有规律的组合；对有一定技术基础的学生，则可使组合的内容、结构及长短等都有所变化，难度有所提高。在进行组合动作教学时，一般先分节（分段）教会，逐节（逐段）连接，再完整练习。

应重视节奏感的训练。形体训练是在音乐伴奏下进行的身体练习。

节奏感好，可以保证动作的协调，省力、效果好。训练手段包括以下几方面。

第一，识别音乐节奏和主旋律的练习。从学习乐理开始，进而听音乐节拍（重音），并按节拍做击掌或跳步练习。第二，在相同节拍、相同旋律的音乐伴奏下完成身体各部位不对称动作的组合练习。第三，组合动作不变，在各种音乐风格和不同主旋律伴奏下进行练习，使学生加深对节奏及其与动作关系的理解。第四，采用不同风格、不同节奏、不同特点的音乐伴奏，完成整套技术的动作练习，将音乐节奏特点与主旋律内涵通过动作表现出来，达到动作与意境的统一结合。第五，采用同样的音乐伴奏，同样的组合动作，对节奏进行不同的处理，使学生从多方面理解音乐节奏及节奏与动作的关系。

第二节　形体韵律训练

一、舞蹈的韵律

（一）舞蹈结构中的韵律

结构中的韵律不仅是作品结构的组织基础，而且也是美感的基础。只有通过韵律，艺术作品才能赋于诗意，如在诗歌中的音的高低、强弱、长短等的组合构成了韵律，并加强了诗歌的音乐感和节奏感。美术上也有明和暗，线条，色彩，构图等的韵律。舞蹈艺术也是同样的道理，当然在创作舞蹈的过程中要根据舞蹈的特点，灵活地创造性地运用它们，同时要发挥编导的想象力去组成比较和谐的韵律。在创作中首先考虑舞蹈结构中的韵律，如情节的跌宕起伏，虚与实的对比，空间与时间的处理，动作的快与慢的对比，造型中的动与静的对比，动律中的力度和幅度的对比。总而言之，将它们组合成有头有尾、变化无穷的各种强烈的对比，组合成和谐的韵律。这种舞蹈结构手法是在现实生活中创造性的运用舞蹈创作规律的结果。所以，这种结构手法是有条有理，既有规律又有和谐，从而达到结构严谨，富有诗意，给人们以强烈的艺术感染力。

(二) 舞蹈风格与韵律

人们通常强调创作要有鲜明的舞蹈风格。如要有地方特点、特殊个性的舞蹈素材等，但是这些风格中只抓住地方特点和特殊个性，这只能是停顿在原始传统的舞蹈素材当中，一定要将它变成富有生命力的时代感的作品，结合时代的思想感情，结合内在的韵律，包括感情的处理，节奏的处理，舞蹈动作的线条、角度、舞台调度等，将原有的民间舞蹈通过编导的创作，加上韵律，体现出既有地方性的民族特色又有时代精神的有生命力的舞蹈。风格就是划时代的舞蹈风格，人们承认它存在于民间之中，又承认它存在于现代生活之中。所以，创作出来的舞蹈不仅给人一种新的感觉，而且是美的享受，引起观众的共鸣。风格有它的个性和共性，所谓风格是通过展示作品，显示的一种格调和气派。任何人都有思想感情，有生活经历和文化素养，也有不同风度的气质。任何个人作为生活在社会和集团的一个成员，他们的风格一定有其社会、集团的一般性。同时各个作家所熟习的生活不同，感受不同，着重点不同，表现方法也不同，那么一般性当中肯定又有其差别性。因此，风格也是多种多样的，是在创作过程中在实践当中逐步地取得改造。

(三) 编舞组合中的韵律

第一，同样的一个动作，利用快和慢、强与弱的对比，变幻无穷的节奏来反复试验，这样运用对比的手法，立刻显出动作的起伏、动作的力度，大与小、动与静，加上内在的韵律，创作出来的动作既没有失去原来的三道弯的风格和特点，反而比原来的舞蹈动作更加丰富和发展，编出来的动作既新颖又优美。

第二，要注意动作之间的衔接，也就是每一个动作过渡到另一个动作之间的变换动作要巧妙、要快、要顺。

(四) 舞蹈语汇的运用与造型

舞蹈语汇要别具一格，优美新颖，富有诗意，要给人以强烈的艺术感染力。舞蹈语汇包括很多因素，如动作的力度，动作的节拍，动作的速度，动作的美感。一个舞蹈作品的思想性和艺术性是要通过多种要素表现出来的，舞蹈的动作全靠手、脚、身躯与头部之间有机地配合形成一个舞蹈动作，而从中表现出来的是美的舞姿、美的形象、美的灵魂，所以，舞蹈语汇在创作中起着极其重要的作用。

动作的力度，动作挺拔直立对舞蹈形象的塑造起着极其重要的作用。动作的节拍是各种不同的节奏组合成节奏的序列。动作速度是指快和慢，为了使动作准确地表达感情，必须使动作按照一定的速度进行。

动作的美感是抓住动作中的长线条和各种不同角度的动作去表现。例如：有的动作就适合第二、四、六、八方向的角度去做，显示出舞姿优美的长线条，有的动作就适合第一、三、五、七方向的角度去做，显得动作大方、有力，有健康美。关键是编导如何根据舞蹈的主题来选择更能表达的动力，当掌握了许多的舞蹈语汇之后，还要注意的问题包括：要抓住舞蹈中的主体动作。要抓住舞蹈动作之间的衔接，要顺畅。编出来的舞蹈动作要朴实，真实感人。在舞蹈的节骨眼上，要加强造型动作。如在某个节拍里，停顿一拍或是两拍，形成美的造型，既给观众留下美的欣赏又使观众引起情感上的共鸣。

编舞，实际上就像写一篇文章一样，要抓住主题，舞蹈语汇朴实，感情真实，情节有趣，舞蹈语汇顺畅，要不断地修改直到满意为止。

总之，舞蹈编导要多方面地学习和掌握各种舞蹈语汇，包括古今中外的舞蹈语汇，掌握了这些丰富多彩的舞蹈素材，在“古为今用，洋为中用”的基础上，借助外来的创作方法并发挥其舞蹈特点，创作人们所需要的舞蹈。编导在创作中掌握了丰富的舞蹈素材，其可以根据主题内容，任意选择和运用各种形式的舞蹈素材、舞蹈语汇中的各种要素和变幻无穷的舞蹈动作进行编舞，就会得心应手，可以得到创作解放。

二、形体韵律操

预备姿势：直立。

(一) 踏步，走步

第一个八拍：1～6拍左脚开始原地踏步，两臂前后自然摆动；7～8拍继续踏步，同时胸前击掌两次。

第二个八拍：1～3拍左脚开始向前走3步，同时两臂屈肘前后摆动，拳心向内；4拍右脚并左脚，两臂自然放下；5～7拍左脚开始向后退3步，同时两臂经前举交叉至侧举（五指分开，掌心向下）；8拍右脚并左脚，两臂放下。

第三个八拍：同第二个八拍，方向相反。

第四个八拍：1～4拍左脚开始向左侧做后交叉步走，同时两臂屈肘经前摆、后摆至胸前击掌；5～8拍同1～4拍，方向相反。

(二) 并步

第一个八拍：1拍左脚侧跨一步成开立起踵，两手叉腰；2拍两腿微屈，右脚点于左脚内侧；3～4拍同1～2拍，方向相反；5～8拍同1～4拍。

第二个八拍：1拍左脚侧跨一步成开立起踵，同时两臂经屈肘（握拳）至侧上举（五指分开，掌心向前）；2拍两腿微屈，右脚点于左脚内侧，同时两臂经屈肘（握拳）至下举（拳心向内）；3～4拍同1～2拍，方向相反；5～8拍同1～4拍。

第三个八拍：1～2拍左脚侧出一步，接着右脚点于左脚内侧，同时左臂经胸前平屈（拳心向下）至下举（拳心向内）；3～4拍脚的动作同1～2拍，左臂经侧上举（拳心向外）至下举（拳心向内）；5～8拍同1～4拍，方向相反。

第四个八拍：1～2拍脚的动作同第三个八拍的1～2拍，同时两臂经胸前平屈（拳心向下）至胸前屈（拳心向内）；3～4拍脚的动作同1～2拍，同时两臂经上举（拳心向前）侧落至下（拳心向内）；5～8拍同1～4拍，方向相反。

(三) 髋部运动（4×8拍）

第一个八拍：1～2拍左脚向左侧迈一步，同时两腿半蹲，两手撑两膝；3～4 拍右脚并左脚，同时两手合掌经胸前至上举；5～8 拍同 1～4 拍。

第二个八拍：同第一个八拍，方向相反。

第三个八拍：1～2 拍左脚侧出一步，同时右腿稍屈膝内扣，向左顶髋 2 次，两手撑于髋脊；3～4 拍同 1～2 拍，方向相反；5 拍向左顶髋，同时右臂左前举（五指分开，掌心向下）；6 拍向右顶髋，同时左臂右前举（五指分开，掌心向下）；7 拍髋同 5 拍，同时两手向下击同侧大腿 1 次；8 拍还原成直立。

第四个八拍：同第三个八拍，方向相反。

（四）吸腿跳、弓步跳（4×8 拍）

第一个八拍：1 拍左腿前提做吸腿跳一次，同时左臂摆至侧举（掌心向下），右臂摆至胸前平屈（拳心向下）；2 拍跳成并立，两臂放下；3～4 拍同 1～2 拍，方向相反，同时向左转体 90°；5 拍左脚后撤一步成右前弓步，同时两臂经下向前摆至胸前上屈（拳心向后）；6 拍左脚收回；7 拍右脚后撤一步成左前弓步，同时两臂向前推出，屈指掌，掌心向前；8 拍右脚收回，同时右转 90°成直立，两臂还原至体侧下垂，掌心向内。

第二个八拍：同第一个八拍，但方向相反。

第三、四个八拍：同第一、二个八拍。

（五）踢腿、摆腿练习（4×8 拍）

第一个八拍：1 拍原地分腿高跳，同时两臂胸前平屈，掌心向下；2 拍还原成直立，同时两肩自然下垂；3 拍跳成开立。同时两臂侧举，掌心向下；4 拍还原成直立，两臂自然下垂；5 拍左腿向前高踢跳；6 拍同第 4 拍；7 拍右腿向前高踢跳；8 拍同第 4 拍。

第二个八拍：同第一个八拍，但最后 1 拍左腿后屈。

第三个八拍：1 拍右脚跳起落地，同时左腿向前下方弹踢，两臂体侧下举，掌心向后；2 拍右脚跳起后屈，同时左腿落地；3～4 拍同 1～2

拍，方向相反；5～8 拍同 1～4 拍。

第四个八拍：1～2 拍同第三个 8 拍的 1～2 拍，但左腿向侧下方弹腿，上体右倾；3 拍同 1 拍，方向相反；4 拍跳成并立；5 拍右脚跳起落地，同时左腿侧摆，两臂摆至左下方，五指分开，掌心向后；6 拍跳成并立；7～8 拍同 5～6 拍，方向相反。

（六）伸展、呼吸整理（4×8 拍）

第一个八拍：1～4 拍左脚侧出点地，同时右臂经侧弧形至上举（掌心向外），抬头稍右转吸气，拉长身体右侧；5～6 拍上体左屈，低头稍左转，右臂头上左屈，手腕手指放松，继续拉长身体右侧；7～8 拍左脚收回，右臂顺势经体前自然下落，还原成直立，呼气。

第二个八拍：同第一个八拍，方向相反。

第三个八拍：1～4 拍左脚侧出成大开立，同时两臂经腹前交叉弧形向侧分开至侧上举（掌心向外），抬头挺胸吸气；5～6 拍两腿半蹲，同时两臂经侧弧形下落至体前交叉，稍低头呼气；7～8 拍两臂弧形外摆，自然呼吸。

第四个八拍：1～4 拍两腿伸直，同时两臂经体前交叉，向内绕至侧上举，掌心相对，抬头挺胸呼气；5～8 拍左脚收回还原成直立，同时两臂经体侧下落，两手翻掌向下，呼气。

第三节　形体协调训练

协调性是指人体各部位在时间和空间上相互配合，合理、有效地完成动作的能力。在音乐的伴奏下进行专门的协调性练习，可以提高学生中枢神经系统的机能水平，使大脑皮层神经过程兴奋和抑制得到合理的交替，改善中枢神经系统的强度、均衡性和灵活性，增强学生控制肌肉的能力，从而使动作更富有韵律感和美感。

协调性练习共分三个组合，难度由低到高，强度由小到大，内容由简到繁，学生可根据自己的实际水平进行选择。在规定的节拍内完成动作，并与相应的音乐配合。

一、协调性练习组合（Ⅰ）

（一）踏步移重心（2×8拍）

预备姿势：并立。

第一个八拍：1～3拍左脚开始踏步3次；4拍右脚侧出，在两脚提踵后成立开姿势；5拍双脚起踵，重心右移，两臂自然下垂置于身体两侧；6拍双脚起踵重心左移，两臂同5拍；7拍同5拍；8拍同6拍。

第二个八拍：同第一个八拍。

要点：踏步时要收腹、挺胸、立腰，移重心时不出髋。

（二）上肢运动（2×8拍）

预备姿势：并立。

第一个八拍：1拍右臂不动，左臂侧平举；2拍左臂不动，右臂侧平举；3拍右臂不动，左臂上举；4拍左臂不动，右臂上举；5拍左臂侧举，右臂不动；6拍右臂侧举，左臂不动；7拍左臂下落；8拍右臂下落。

第二个八拍：同第一个八拍，方向相反，8拍时收腿还原成并立。

要点：身体协调，每拍手臂要到位。

（三）头颈运动（4×8拍）

预备姿势：并立。

第一个八拍：1拍屈膝低头，两臂体后击掌；2拍起立，两臂侧下举；3拍屈膝抬头，两臂体前击掌；4拍还原；5拍屈膝向左倒头一次，两臂自然下垂置于身体两侧；6拍还原成直立；7拍直立向左倒头一次，两臂动作同5拍；8拍还原。

第二个八拍：1拍屈膝右倒头一次，两臂动作同5拍；2拍还原；3拍直立右倒头一次；4拍还原；5拍同第一个八拍的3拍；6拍同第一个八拍的2拍；7拍同第一个八拍的1拍；8拍还原。

第三个八拍：1～2 拍左脚侧出点地，左手叉腰，右手左侧举，头左转；3～4 拍左脚收回，两脚并立还原，双手叉腰；5～8 拍同 1～4 拍，方向相反。

第四个八拍：同第三个八拍。

要点：充分低头、抬头，头部侧倒时耳朵尽量找肩，转头时颈部要伸直。

(四) 踢腿运动 (2×8 拍)

预备姿势：并立。

第一个八拍：1 拍前踢左腿，右臂前平举，左臂侧平举；2 拍腿还原，两臂肩上屈，手触肩；3 拍前踢左腿，两臂侧平举；4 拍还原；5～8 拍同 1～4 拍，方向相反。

第二个八拍：同第一个八拍。

要点：上体保持正直，踢腿时直膝，绷脚。

(五)：跳跃运动 (2×8) 拍

预备姿势：并立。

第一个八拍：1～2 拍双手叉腰，双脚有弹性地分别向前、向后并腿跳一次。3 拍向左轻跳一次，左臂肩侧上屈，五指并拢，掌心向前，右臂肩侧下屈，五指并拢，掌心向后。4 拍同 3 拍，方向相反。5～8 拍同 1～4 拍。

第二个八拍：同第一个八拍。

要点：挺胸、立腰，动作轻快，落地时前脚掌着地缓冲，富有弹性。

(六) 弹踢跳 (2×8 拍)

预备姿势：并立。

第一个八拍：1 拍左腿经后向前下弹踢，同时右腿蹬跳，双手叉腰；2 拍左腿落地，右腿屈膝后抬；3～4 拍同 1～2 拍，方向相反，换腿做；5～8 拍同 1～4 拍。

第二个八拍：同第一个八拍。

要点：放松、自然地跳动，运动负荷由小过渡到大，注意呼吸配合。

二、协调性练习组合（Ⅱ）

（一）提踵立腰（4×8拍）

预备姿势：并步立、手臂下垂。

第一个八拍：1～2拍双手叉腰，双脚提踵立，梗头立腰；3～4拍落脚跟；5～6拍左脚尖点地屈膝；7～8拍同5～6拍，换腿做，两腿交换经直膝立踵。

第二个八拍：同第一个八拍。

第三、四个八拍：同第一、二个八拍。

（二）头颈活动（4×8拍）

预备姿势：立正。

第一个八拍：1拍并立半蹲，双手叉腰，低头；2拍直立；3拍并立半蹲，双臂后摆，抬头；4拍同2拍；5～6拍左臂侧举，头左转；7～8拍同2拍。

第二个八拍：同第一个八拍，转头方向相反。

第三、四个八拍：同第一、二个八拍。

（三）肩部活动（4×8拍）

预备姿势：立正。

第一个八拍：1拍左脚侧出点地，左肩上提，头左转；2拍左脚收回，左肩下沉，头还原；3～4拍同1～2拍，方向相反；5拍并立，同时双肩上提；6拍还原成直立；7～8拍同5～6拍。

第二个八拍：同第一个八拍，方向相反。

第三、四个八拍：同第一、二个八拍。

最后一拍：双肩下沉，左脚侧出成开立，两臂侧下举，掌心向前。

（四）胸部活动（4×8拍）

预备姿势：同前最后一拍。

第一个八拍：1～2拍左腿站立，右腿屈膝足尖点地靠于左脚旁，身体左转45°，右臂向左侧击掌、含胸；3～4拍左腿侧出成开立，身体转回，右臂打开至右侧下举，抬头挺胸，掌心向前，5～8拍同1～4拍，方向相反。

第二个八拍：1拍开立，左臂胸前平屈，掌心向下，右臂下垂；2拍右臂胸前平屈，掌心向下，左臂不动；3～4拍两臂胸前平屈，后伸扩胸两次；5～6拍两臂经前至侧举后振一次，掌心向下；7～8拍还原成预备姿势。

第三、四个八拍：同第一、二个八拍，方向相反。

（五）腰侧屈（4×8拍）

预备姿势：立正。

第一个八拍：1～4拍并立半蹲，上体向左侧屈，左手叉腰，右臂上举，掌心向下；5～6拍直立，右臂至侧举，掌心向上；7～8拍双手叉腰。

第二个八拍：同第一个八拍，方向相反。最后一拍两臂下垂。

第三个八拍：1拍左腿侧出足尖点地，两手叉腰；2拍右臂肩侧屈手触肩；3～4拍右臂上举；5拍上体向左侧屈振；6拍还原同3～4拍；7拍同5拍；8拍还原成立正。

第四个八拍：同第三个八拍，方向相反。

（六）转体（4×8拍）

预备姿势：并立臂前举。

第一个八拍：1～2拍左脚侧出开立半蹲，上体左转，左臂侧举，右臂胸前平屈，掌心向下；3～4拍收右脚成并立，臂前举；5～8拍同1～4拍。

第二个八拍：同第一个八拍，方向相反。第八拍两臂侧上举，掌心向内。

第三个八拍：1～2 拍：左腿侧出开立半蹲，两臂下穿至侧下举，掌心向后，上体左转 90°；3～4 拍上体转回，收左脚成并立，两臂侧上举；5～8 拍同 1～4 拍，方向相反。

第四个八拍：同第三个八拍。

(七) 腹背运动 (4×8 拍)

预备姿势：立正。

第一个八拍：1～2 拍左脚侧出大开立，两臂经体前交叉至侧上举；3～4 拍两臂头后屈，手指触头；5～8 拍上体前屈下振两次，指尖触脚。

第二个八拍：1～2 拍开立半蹲两膝内收，含胸低头，两手扶膝；3～4 拍直立两膝外展，抬头挺胸，两手扶膝；5 拍同 1～2 拍；6 拍同 3～4 拍；7～8 拍还原成立正。

第三、四个八拍：同第一、二个八拍，方向相反。

(八) 踢腿运动 (4×8 拍)

预备姿势：立正。

第一个八拍：1 拍左腿屈膝前抬，两臂胸前平屈，握拳，拳心向下；2 拍还原成立正；3 拍左腿前踢，两臂侧举，掌心向下；4 拍同 2 拍；5～8 拍换腿做。

第二个八拍：1～2 拍并立半蹲，两臂体前击掌两次；3 拍两臂前举，掌心向下，左腿侧踢；4 拍还原成立正；5～8 拍同 1～4 拍，换腿做。

第三、四个八拍：同第一、二个八拍。

(九) 跳跃运动 (4×8 拍)

预备姿势：立正。

第一个八拍：1～4 拍左腿开始跑跳步 4 次，双手叉腰；5～6 拍双脚跳，胸前击掌；7～8 拍双脚跳，双手向上穿至侧举，上体左转 90°。

第二个八拍：同第一个八拍，换腿做。

第三、四个八拍：同第一、二个八拍。

（十）侧走转圈（4×8 拍）

预备姿势：立正。

第一个八拍：1－3 拍左腿开始向左走 3 步；4 拍左腿弯屈，右脚点于左脚旁；5～8 拍：同 1～4 拍，反方向做。

第二个八拍：1－3 拍左脚开始向左转体 360°；4 拍左腿弯屈，右脚点于左脚旁；5～8 拍同 1～4 拍，方向相反。

第三、四个八拍：同第一、二个八拍。

三、协调性练习组合（Ⅲ）

（一）伸展运动（4×8 拍）

预备姿势：两脚并立。

第一个八拍：1～2 拍左腿屈膝，足尖点地，右脚支撑，右臂前摆 45°，左臂后摆 45°；3～4 拍两脚与手臂动作交换；5 拍同 1～2 拍；6 拍同 3～4 拍；7～8 拍同 1～2 拍。

第二个八拍：1～2 拍左脚侧出成开立，提落脚跟一次，两臂侧举；3～4 拍提落脚跟一次，两臂上举，掌心向前；5～6 拍脚跟提落一次，两臂伸直，五指张开，掌心向前，向内交叉一次还原；7 拍两臂侧举，掌心向下；8 拍还原成并开立。

第三、四个八拍：同第一、二个八拍，方向相反。

（二）头部运动（4×8 拍）

预备姿势：立正。

第一个八拍：1 拍左脚侧出点地，左臂经侧至肩侧屈，手触肩头左转；2 拍左脚收回头转回，左臂不动；3 拍左臂不动，右脚侧出点地，右臂经侧至肩侧屈，手指触肩，头左转。4 拍重心移至两腿间开立，两手头后屈，手触头；5～6 拍右脚收回并立，两臂上举击掌两次；7 拍并立半蹲，两臂侧举，掌心向下，抬头。8 拍还原成立正。

第二个八拍：同第一个八拍，方向相反。

第三、四个八拍：同第一、二个八拍。

(三) 胸部运动（4×8 拍）

预备姿势：立正。

第一个八拍：1 拍左脚向前一步小跳，右腿后抬，两臂前举交叉，含胸；2 拍重心后移，右腿站立，左腿前抬，两臂侧举后振，展胸；3～4 拍还原成立正；5～8 拍同 1～4 拍，换右脚做动作。

第二个八拍：1～2 拍左腿侧出成开立姿势，两臂向内交叉至侧上举，手心向外；3～4 拍重心移至左腿，右脚收回点地，两腿弯屈稍含胸，两臂收至胸前屈，握拳交叉；5～6 拍同 1～2 拍；7～8 拍还原成立正。

第三、四个八拍：同第一、二个八拍，方向相反。

(四) 体侧运动（4×8 拍）

预备姿势：立正。

第一个八拍：1 拍左脚向侧一步，两臂经右摆至上举；2 拍右脚并左脚，两臂经左下落；3 拍右腿弯曲，左手背于体后，右臂经侧至头后屈，手触头，上体左侧屈；4 拍上体直立；5～6 拍上体左侧屈，右臂穿至上举，掌心向前，左手背于体后；7～8 拍还原成立正。

第二个八拍：同第一个八拍，方向相反。

第三、四个八拍：同第一、二个八拍。

(五) 体转运动（4×8 拍）

预备姿势：立正。

第一个八拍：1～2 拍左脚侧出开立，两臂侧举；3 拍右脚踏于左脚后，身体右转，两手立腕；4 拍左脚向右脚并拢，身体转回，两臂上举，掌心相对；5～6 拍并立半蹲，两臂侧举，掌心向下，上体左转 90°；7～8 拍还原成立正。

第二个八拍：同第一个八拍，方向相反。

第三、四个八拍：同第一、二个八拍。

（六）腹背运动（4×8 拍）

预备姿势：立正。

第一个八拍：1～2 拍左脚侧出成开立，两臂侧举掌心向前；3 拍两臂上举，掌心向前；4 拍两臂侧举，掌心向下；5～8 拍上体前屈，抬头挺胸，下振两次两臂侧举。

第二个八拍：1～2 拍两臂经侧上举，上体后屈，掌心向前；3～4 拍上体前屈，两手触地；5～6 拍上体前屈，抬头挺胸，两手扶膝；7～8 拍左腿收回成立正。

第三、四个八拍：同第一、二个八拍，方向相反，最后一拍右臂肩侧屈握拳。

（七）踢腿运动（4×8 拍）

预备姿势：立正右臂肩侧握拳。

第一个八拍：1 拍左脚屈膝前抬，左手叉腰，右臂屈肘胸前摆；2 拍左膝落下，右手同预备姿势，左手叉腰；3 拍左腿前踢，右臂前摆；4 拍并立，右手叉腰，左手肩侧屈，握拳；5～8 拍同 1～4 拍，换腿做。

第二、三、四个八拍：同第一个八拍。

（八）跳跃运动

预备姿势：立正。

第一个八拍：1 拍左脚前踏，重心稍前移，右腿稍后抬，右臂前摆，左臂后摆；2 拍右脚后踏，重心稍后移，手臂不动；3 拍左脚后踏，右腿稍前抬，左臂前摆，右臂后摆；4 拍右脚前踏，手臂不动；5～6 拍左脚前踏，呈前后开立，手臂同 1～2 拍；7 拍双脚起跳，空中并腿，两手体前击掌；8 拍落地缓冲。

第二个八拍：同第一个八拍，换脚做。

第三、四个八拍：同第一、二个八拍。

(九) 整理运动 (4×8 拍)

预备姿势：立正。

第一个八拍：1 拍左脚向侧后方踏一步，右腿稍前举，两臂侧后摆，重心后移，头左转；2—4 拍向侧走三步，两手叉腰；5 拍左脚前点地；6 拍左脚后点地；7 拍左腿直腿前踢；8 拍还原并立，身体转回。

第二个八拍：同第一个八拍，方向相反。

第三、四个八拍：同第一、二个八拍。

第四节　形体姿态训练

一、身体素质

(一) 体育舞蹈对学生的身体素质要求

1. 对力量素质的要求

体育舞蹈是表现力与美的典范，要分析和掌握体育舞蹈力量的作用规律，就必须了解内、外力及其相互作用。在体育舞蹈中，每个动作都通过男女舞蹈者之间的相互作用力（即内力）和地面对他们的反作用力、摩擦力（即外力）以及双人间的对抗性和引导性力量来完成。外力是能观察到和感觉到的，而内力往往不为人所察觉。在一定条件下起主导作用的内力，使环境中的外力适应动作的要求。

体育舞蹈内容多且复杂，因此，良好的力量素质是体育舞蹈选手体能的保证，是漂亮完成成套动作的基础。肌肉力量是基础力量，肌肉要对不同的训练内容和训练负荷逐步地适应，内容从少到多，负荷从小到大直至极限，而这个适应过程就是肌肉对各种不同刺激的记忆和感觉过程，这一过程所承受的“量”称为能力，并且这一过程所产生的结果即通常所说的肌肉记忆能力。在舞蹈演绎中，肌肉能力的爆发适度往往能使舞蹈的展现起到画龙点睛的效果，令舞蹈作品展现得淋漓尽致。整体力量就是选手从事专项活动时各运动环节协调一致所表现出来的综合力量，它是选手专项能力的基础。

根据肌肉收缩形式，力量有静力性力量和动力性力量。选手在比赛中必须保持良好的身形和仪表。特别是标准舞比赛，选手必须自始至终都保持腰部肌肉收紧，上体保持稳定，充分地体现出选手身体内在肌肉的静力效应。一些步伐（以华尔兹为例）旋转步（如外侧旋转步）、轴转步（双左旋转步）等旋转和摆动（如箭步）的动作都是动力性力量的体现。

根据力的表现形式，力量有最大力量、爆发力和速度力量。

最大力量要求男女舞伴都具有强有力的腰、背、腿和手臂力量。尤其是男士，体育舞蹈中男舞伴需要最大力量进行稳固支撑、引导和给予女舞伴助力，以便女士充分展示动作（如高位撇转）。

爆发力从体育舞蹈项目特征分析，大多只在体育舞蹈动作的某环节或某节拍需要爆发力，以表达舞蹈种类意境（如火箭步）。还有跳起以及改变虚支撑面角度的重心前倾的跨步等。

速度力量是体育舞蹈中最主要的力量，它是在有限的时间内伴随音乐持续不断地控制肢体关节和肌肉，展示体育舞蹈速度美的力量。选手必须在每拍做一个或两个以上的技术动作。

另外，根据体育舞蹈的项目特点，体育舞蹈的专项力量还包括双人间的对抗性和引导性力量。力量是速度的前提，当今体育舞蹈技术难度大大增加，选手在比赛中更加注重动作速度与力度的体现。因此，体育舞蹈的专项力量训练在体能训练中的地位不容改变。

2. 对速度素质的要求

速度这一身体素质不论是在体育舞蹈当中还是在其他体育运动当中都是对动作顺畅完成的保障，其对运动等级提升的重要性在于越是等级高的选手之间的比拼，就越能突出体现到速度素质的决定性因素。对于体育舞蹈这项运动来说，速度也是顺利完成动作的前提。决定体育舞蹈中的速度的因素是伴奏音乐的节拍，具备良好速度素质的学生可以跟上相对更快的节拍，并且舞步轻快灵活。

3. 对柔韧素质的要求

体育舞蹈运动对学生的柔韧素质有着较高的要求。事实上，对于任何有着较多艺术表现力的运动来说，柔韧素质都会是被非常看重的一项身体素质。柔韧素质是人体各关节在不同方向上的运动能力以及肌肉、韧带等软组织的伸展能力。良好的柔韧素质对体育舞蹈学生的重要意义体现在其能使学生更快掌握动作，有利于提高和维持动作质量，减少学生运动损伤发生的概率。体育舞蹈要求学生具备良好的柔韧素质，具体到部位来说，肩、胸、腰、髋、膝、踝等部位或关节的灵活性最为重要，实践中也运用最多，这些部位与关节的柔韧度是决定动作完成幅度、开度和表现等要素的关键。

4. 对耐力素质的要求

耐力素质是指肌体坚持长时间运动的能力。随着体育舞蹈竞技水平的提高，体育舞蹈竞赛竞争日趋激烈。正式的体育舞蹈比赛，虽然每支舞比赛的时间只有1分钟左右，但由于节奏快，技术要求高，同时为了赢取比赛，选手往往会跳很多难度较高的动作，如加快旋转的速度、步法上更加多变等，这就使得动作的强度大大地增加了。根据能量连续统一体的概念，1分钟左右的大强度运动属于无氧耐力动作范畴，但在实际比赛中，选手需要连续完成多个舞种、多个场次的比赛，持续时间长，因此，体育舞蹈属于有氧和无氧混合的项目，对耐力的要求较高。

体能训练中的运动耐力主要指大强度长时间从事专项活动的能力。选手体能训练的运动耐力水平主要取决于三个方面：第一，功能系统的机能能力；第二，比赛中有效地利用机能潜力的能力；第三，疲劳情况下的心理素质和意志品质。体育舞蹈高组别选手必须参加五种舞比赛，而每种舞比赛的时间在1分30秒～2分钟之间。由于音乐节奏快，选手必须在极短的时间内完成许多难度很大的动作，而每舞种比赛的间隙时间又很短（一般30秒左右），所以选手的运动强度是很大的。因此，体育舞蹈选手（尤其是全能选手）必须提高无氧耐力运动能力，以更好地适应比赛中大强度运动的需要，提高竞争能力。另外，每个体育舞蹈选手都会有自己的风格。我国选手由于身体条件和文化底蕴等原因，普遍以能力技巧型跳法为主。而能力技巧型选手需要有更好的运动耐力，才能保证在顺利地完成编排套路的同时，进而准确地表达音乐和诠释舞蹈，提高表现力。

5. 对协调灵敏素质的要求

相比于其他体育运动来说，体育舞蹈有着更为丰富和复杂的动作，这就需要学生具备较高的灵敏素质和协调能力予以应对。灵敏素质是快速制动和转换身体动作与方向的能力。而协调能力则是在完成动作时全身的有机配合。学生协调能力之于体育舞蹈来说，更多体现在肌肉的紧张与放松之间的协调、选手内在感受与外在表现的协调、音乐节奏与动作节奏的协调、舞者之间配合的协调等。

关于这两种素质的训练安排主要放在训练的前半段为宜，原因在于此时学生的体能和精神状态都较为不错，在这个阶段训练这两种素质能收到最佳的效果。具体在训练中应注重如下能力的训练。

（1）准确的时空判断和精确的肌肉本体感受

体育舞蹈是典型的双人舞，舞伴间不同的舞蹈动作有着紧密的联系，学生在高质量地完成成套动作的整个过程中，对本体和舞伴运动的方位、角度有着严格的要求。尤其是完成一些高难度的身体动作、舞伴间动作的配合，学生不仅要对自身肢体方位进行精确控制，而且还要给予舞伴正确方位的引导和控制。因此，在完成成套动作的过程中，肌肉本体感觉的强弱不仅直接影响了学生对身体姿态的控制能力，而且还影响了对舞伴引带用力的大小、方向，决定了最终呈现出的画面。总之，体育舞蹈学生只有具备准确的时空判断能力和精确的肌肉本体感受，才能控制身体动作、引导舞伴在时空上的准确性，才能保证整体的运动轨迹及运动效果。

（2）快速的反应能力和应变能力

体育舞蹈运动中有许多动作或技术都是较为复杂的，动作变化也非常多，并且许多动作的串联都要在瞬间完成。为了能将这些动作的完成成功率提升起来，就需要调动学生的各种感官以及提升他们的反应能力与应变能力，这的确是学生应具备的一种能力。

6. 对弹跳素质的要求

体育舞蹈中包含有许多弹跳的动作，但体育舞蹈中的这种弹跳与一味追求高度的跳跃性运动有着本质上的区别。体育舞蹈中的弹跳动作有着较高的技术性，并且还要配合上节奏和身姿。体育舞蹈摩登舞中的快步舞和拉丁舞这两个舞种都包含有众多跳跃技巧，在一些跳跃中除了有高度的要求外，跳起后还要加入旋转动作，此时需要为支持跳跃和旋转动作而发力的部位不仅是腿，还要有腰腹以及手臂肌肉的力量参与动作的控制，这使得跳跃的难度大大增加。从这点上来看，更加印证了体育舞蹈中的弹跳动作带有显著复杂性的技术。

7. 对平衡素质的要求

体育舞蹈运动对学生的平衡能力有着较高的要求。人体的平衡素质常见的有静力性平衡和动力性平衡两种。静力性平衡顾名思义就是身体处于相对静止状态下时对自身重心的控制能力。动力性平衡则是学生在运动过程中对自身重心的控制能力。对于体育舞蹈运动来说，这两种平衡能力均有很大的用武之地。

这里以动力性平衡能力举例说明。当学生在做跳跃处于下落的着地阶段时要做到轻巧平稳，特别是落地后的平稳性是衔接下一个动作的良好基础。高质量的落地可以赢得评委的高分，获得艺术美的赞誉以及减小运动损伤发生的概率。而决定学生是否能在绝佳平衡力下完成动作的关键在于一系列动作的完成是否符合力学原理。其中，学生的腿部力量就是核心控制“装置”。就此来看，对学生平衡能力的训练则可主要从腿部力量训练入手，当然这并不是唯一的平衡素质训练方法。

（二）体育舞蹈柔韧素质训练方法

柔韧素质训练主要以拉长韧带、肌腱、肌肉的伸展性，增厚关节软骨为目的。训练手段一般分为缓慢和快速牵拉，如压腿、踢腿等。缓慢牵拉练习会使肌肉纤维、韧带慢慢拉长到一定的程度，一般不会超越关节伸展的限度，虽有疼痛感，但不易引起组织损伤；快速牵拉具有一定的爆发性，可以巩固和提高缓慢牵拉的幅度和效果。因此，在每次缓慢牵拉之后应安排快速牵拉的内容。柔韧素质训练受肌肉力量影响，因此，当肌肉疲劳时，关节韧带的伸展性较差。

体育舞蹈的国标技术对柔韧素质有一定的要求。例如，华尔兹舞右转、左转系列的第一步，要求主力腿充分有力地后蹬以获得最大的推进速度。此时，力是从髋关节处发出，像波浪一样逐次经过各个关节最终传递到趾尖，在完成完美的蹬地动作的同时获得强大的反作用力。又如，狐步舞的后退波浪步，男士要在先降后升中做足踵拖地大步后退，在强力反身的同时牢牢地引带女士，既要控制身体不能有突然的起伏，又要充分地倾斜大幅度摆荡，表现出行云流水、飘逸超脱的狐步舞特有的风格，这对舞者的腰、腿、足和脊柱各关节的柔韧性及平衡感和控制能力提出了很高的要求。

从柔韧素质训练在身体不同部位的表现看，又可分为上体柔韧性训练、下肢柔韧性训练、腰部柔韧性训练。

1. 上体柔韧性训练

体育舞蹈的上体柔韧性训练主要是指手臂和肩部的柔韧性训练。

手臂、肩部的柔韧性练习能够促进上肢骨骼、肌肉韧带和肩部的正常发育，增强灵活性，培养正确的姿势，进一步提高肩部的控制能力，使站立形态更加优美；同时，由于练习动作灵敏有力、变化多样，还可以促进上体的血液循环，增进胸部各内脏器官的机能，一般采用单人练习和双人配合练习进行。

常见的发展手臂和肩部柔韧素质的练习方法有：后提臂夹肩、两臂上托、手臂环绕、侧压臂、手臂波浪、压肩韧带、下拉肩、拉肩、双人压肩等。

2. 下肢柔韧性训练

体育舞蹈中的下肢柔韧性训练主要指的是腿部和脚步的柔韧性练习。腿和脚在舞蹈运动中起着支撑、负重、运行、旋转、升降、摆动等重要作用。优美的舞姿无一不与腿和脚有关，因此，下肢的柔韧性练习是舞蹈的基础。

腿部和脚步柔韧性练习方法主要有：弓箭步压腿、后拉腿、正压腿、侧压腿、直腿躯体压腿、跪压踝关节、提踝、提踵等。

3. 腰部柔韧性训练

腰在人体的中部，舞蹈姿态和步态大都与腰有关，加强腰部的柔韧性和灵活性的锻炼有助于增强腰的控制能力。

体育舞蹈中的腰部柔韧性训练主要包括髋部柔韧性训练、腰背部柔韧性训练和腹部柔韧性训练。

常见的腰部柔韧性训练主要有顶髋、开髋、体前屈、体侧屈、转体、双膝跪地双手撑地弓背、俯撑等。

二、基本姿态

体育舞蹈中身体的整体或不同部位都有着一定的基本姿态，这些基本姿态属于体育舞蹈基本功之一，且拥有良好的身体姿态对于开展体育舞蹈这项运动无疑更能增强美感与观赏性。因此，对基本姿态的训练应该予以重视。

在体育舞蹈中，基本身体的姿态主要是以芭蕾舞和古典舞的姿态为基础的。这里就主要对这两种舞的身体姿态进行指导。

（一）芭蕾舞基本姿态指导

1. 基本手位与脚位

芭蕾舞的手部自然姿势为手掌手腕自然下垂，手指伸长，拇指与中指稍向内收。

（1）基本手位

芭蕾舞的手位有许多种，它们以“位”来确定相对位置。

①一位：两臂自然在体前下垂，两肘关节稍稍向外突出，两臂呈弧形，双手指尖相对，掌心向上。

②二位：在一位的基础上两臂向前平举，与肩齐高。

③三位：在二位的基础上两臂上举，上举角度接近但不达到90%。

④四位：在三位的基础上一手保持，另一手回至二位。

⑤五位：在四位的基础上位于二位上的手臂向侧打开。

⑥六位：在五位的基础上位于三位的手下落至二位。

⑦七位：在六位的基础上位于二位的手经体前向侧打开。

手位练习的注意点主要是要确保动作过程中肩膀部位的放松，手肘和手腕等关节自然弯曲，两臂要始终保持弧形的姿态，而不能有僵直感。

（2）基本脚位

芭蕾舞基本脚位详细描述包括以下几个方面。

①一位：两脚脚跟并拢，脚尖朝两侧分开，两脚近乎呈一条直线。

②二位：在一位的基础上两脚跟分开，宽约一脚距离。

③三位：一脚跟叠于另一脚跟后站立。

④四位：两脚前后平行站位，距离一脚，两脚脚尖朝向左右两边。

⑤五位：在四位的基础上将平行的两脚相贴。

脚位练习的注意点主要有髋部始终保持正直，腿部与臀部的肌肉要做到收紧。脚位开度要到位，从髋到脚都要外开。

2. 基本舞姿

所谓的舞蹈姿态是指多种静态动作造型。芭蕾舞中的基本舞姿有鹤立式、交叉式、攀峰式、俯望式、迎风展翅式等主要类型。

（1）鹤立式

鹤立式舞姿共有前鹤立式、后鹤立式两种。鹤立式舞姿可在主力腿半蹲、直立、立踵等多种状态下完成，下面对两种鹤立式舞姿的动作进行具体描述。

①前鹤立式：动力腿前抬 90°，小腿抬起的高度要接近大腿，高于大腿更佳。手位为五位。

②后鹤立式：动力腿后抬 90°，小腿抬起的高度要接近大腿，高于大腿更佳，手位为五位。

（2）交叉式

交叉式有前交叉式、后交叉式两种。

①前交叉式：面向8点方向，右脚前五位站立；右脚向前做擦地动作然后脚尖点地；手位为五位，头朝向2点方向。

②后交叉式：面向8点方向，右脚前五位站立；左脚向后做擦地动作然后脚尖点地；手位为五位，头朝向2点方向。

（3）攀峰式与俯望式

攀峰式与俯望式由侧举腿动作开始，然后再通过身体和方向的变化形成两种舞姿。

①攀峰式：面向8点，左脚在前五位站立，右腿经体侧擦地后抬起超过90°的高度。右左手分别为三位、七位，头向右微转，身体微向左倾斜，目视右上方。

②俯望式：该舞姿大体与攀峰式相同，不同点为头向左微转，然后低头目视左下方。

（4）迎风展翅式

迎风展翅式舞姿根据不同的手臂、腿及身体方位的变化可衍生出以下四种形式。

①迎风展翅式1：重心落于右腿，左脚向后擦出后抬起，高度不限。右手伸向前方，左手伸向斜后方。

②迎风展翅式2：重心落于右腿，左脚向后擦出后抬起，高度不限。左手伸向前方，右手伸向侧后方，头向左转。

③迎风展翅式3：重心落于右腿，左脚向后擦出后抬起，高度不限。左手伸向前方，右手伸向右后方，目视左手前方。

④迎风展翅式4：重心落于右腿，左脚向后擦出后抬起，高度不限。右手伸向前方，左手侧后打开，头转向右方看右手。

3. 芭蕾基本动作组合练习

芭蕾舞基本动作组合练习，就是将几种芭蕾舞基础动作进行适当组合，然后进行练习的方法，如此可使学生对芭蕾基础姿态有更深入的理解与把握，展现出更多、更具有代表性的芭蕾舞风格。准备姿势：面向1点，右脚前五位站立，手位为一位。

（1）第一个八拍

1拍右手二位，目视右手；2拍右手七位，目视右手；3拍右手落下，微低头，目视右手；4拍右手一位，目视前方；5～8拍动作与1～4拍一致，唯方向相反。

（2）第二个八拍

1拍手位为二位，目视双手；2拍手位为三位，目视斜上方；3拍手位为七位，头部左转，目视左手；4拍手位为一位，目视前方；5拍手位为七位，头部稍左转，目视左手；6拍手位为三位，目视前方；7拍手位为两位，目视双手；8拍手位为一位，目视前方。然后身体转向8点方向。

（3）第三个八拍

1拍面向8点，右脚向前擦出后以脚尖点地，手位为五位，头转向2点；2拍右腿向上抬起；3拍右腿下落后以脚尖点地；4拍右脚为五位，手位为一位，头转向8点；5拍面向8点，右脚向前擦出后以脚尖点地，手位为五位，头左转后低下，目视左下方。

6拍左腿向后擦出后上举；7拍左腿回落后再向前，以脚尖点地；8拍左脚为五位，手位为一位，头转向8点。

（4）第四个八拍

1拍右脚向侧方擦出后以脚尖点地，右手手位为三位，左手手位为七位，头左转，低头目视左下方；2拍右腿上举；3拍右腿下落后以脚尖点地；4拍右脚脚位为五位，手位为一位，头转至1点；5拍左腿向侧擦出后以脚尖点地，左手手位为三位，右手手位为七位，头左转，抬头目视左上方；6拍左腿上举；7拍左腿下落后以脚尖点地；8拍左脚脚位为五位，手位为一位，头转至1点。身体朝向为3点。

（二）古典舞基本姿态指导

1. 手型、手位及脚型、脚位

（1）基本手型

①兰花掌：动作方法为食指、小指、无名指伸直，拇指与中指内收

后指尖接触。

②虎口掌：动作方法为五指伸直并拢，然后虎口张开，掌的外侧发力。

③半握拳：动作方法为除拇指外的其余四指并拢内收为空心拳，拇指内屈贴顶食指和中指。

④实心拳：动作方法为除拇指外的其余四指并拢内收为实心拳，拇指内屈贴顶食指和中指。

⑤单指：动作方法为食指伸直，其余四指内收，拇指搭在中指上，无名指与小指自然弯屈。

⑥剑指：动作方法为食指与中指伸直并拢，无名指和小指内收，拇指内屈抵住内收的两指。

（2）基本手位

①山膀位：动作方法为手臂先做侧平举，然后向内旋，肘部微屈，扣腕，指尖朝向前方。

②按掌位：动作方法为两手手掌于身体前方下按，掌心向下，肘部有一定弯屈。

③托掌位：动作方法为两手手掌上举，掌心向上。

④提襟位：动作方法为手臂弯曲，两手提至髋部两侧，握拳。

⑤扬掌位：动作方法为两臂斜上举，两手掌心向上。

⑥顺风位：动作方法为一手为山膀位，另一手为托掌位。

（3）基本脚形

①勾脚：动作方法为脚趾并拢，脚的拇指带动脚腕向上勾。

②绷脚：动作方法为脚趾并拢用力下压，从而使脚背绷起。

③抓脚：动作方法为脚趾并拢用力下压，成绷脚后向里翻。

（4）基本脚位

①正步：动作方法为双脚并拢，脚尖朝前，两脚尖没有空隙。

②“八”字步：动作方法为两脚脚跟并拢，脚尖分开，分开角度约为60°。

③“丁”字步：动作方法为一脚脚跟抵靠另一脚脚弓，两脚相交约成 90°。

④大“八”字步动作方法为将“八”字步的两脚分开，分开距离约与肩同宽。

⑤踏步：动作方法为一脚在前，后脚脚掌向斜后方踏出。

⑥大掖步：动作方法为一腿弯曲半蹲，另一腿向后撤，然后掖于弯屈腿的斜后方。

⑦弓步：动作方法为一腿大步前迈后弯曲，大腿几乎与地面平行，小腿与地面垂直，另一腿在后伸直且全脚掌着地。

2. 基本动作

（1）单手动作

①撩掌：动作方法为手心向下，手腕带动手臂经体侧由下向上撩起。

②盖掌：动作方法为手心向下，手臂弯曲，两臂后从头上经体前盖至胸前。

③切掌：动作方法为手心向里，手臂弯曲，两臂后从头上经体前盖至胸前。

④端掌：动作方法为手心向上，手臂弯曲，两臂经体侧端至胸前。

⑤分掌：动作方法为手心向下，手腕带动手臂从胸前经头上分开成扬掌动作或下落。

⑥穿掌：动作方法为手心向下，手指并拢伸直指向上方，然后翻腕成手心向上的动作。

（2）双手动作

①云手：动作方法为右手掌心从朝向身体开始转变为向下，然后手臂弯曲在身体前经下方左方划半圆，同时左手掌心向上，由里向外划半圆。左右手依次完成划半圆的动作后交叉于胸前，右手下左手上。

②双晃手：动作方法为两手掌心向下，在手的带动下手臂由下向上绕环。

③小五花：动作方法为手腕带动手掌做小云手动作，然后双手交叉于胸前。然后右手向里转，左手向外转，呈手心相对，继续转成左手在上。小五花动作应连续做出若干个。

（3）基本舞姿

①端腿：动作方法为主力腿支撑重心，动力腿膝部弯曲抬起，小腿与地面平行，脚心上翻，两臂为山膀位。

②小射燕：动作方法为主力腿支撑重心，动力腿膝部弯曲后抬，小腿抬起的角度稍高于与地面的平行线，上体向主力腿一侧稍转动，手臂为顺风旗位。

③大射燕：动作方法为在小射燕的基础上主力腿膝部弯曲，此前抬起的动力腿进一步高抬。

④掀身探海：动作方法为主力腿支撑重心，动力腿向后抬起，抬起角度近乎与地面垂直，身体稍向动力腿一侧转动。

3. 古典舞基本动作组合练习

将古典舞基础动作结合起来练习，更有助于学生对古典舞动作的形象认识以及对古典舞的风格与特点有所掌握。而这些组合动作练习也是未来跳成舞的基础练习，因此需要给予重视。古典舞基本动作组合练习共有 4 个 8 拍，具体指导如下。

（1）第一个八拍

第 1～4 拍面向 2 点。“丁”字步站立，右脚在前，双手叉腰，头向 8 点。开始后左脚上步右脚跟，双手做云手后到双山膀位。第 5～8 拍左脚右前方上步，重心转换至左脚。右脚移至左后方，过程中左手按于体前，右手在头上托掌，左转头，眼睛看左下方。

（2）第二个八拍

第 1～4 拍重心在右腿，左腿前伸脚尖点地，过程中左手在头上托掌，右手按于体前。第 5～8 拍重心在左腿，左腿弯曲支撑，右腿在后屈腿踏地，过程中左手山膀位，右手按掌位。

（3）第三个八拍

第1～4拍取踏步位，右臂经下方向侧方绕动，身体随转360°。第5～8拍右腿在前弯屈支撑，左腿弯曲并后抬，过程中左手托掌，右手山膀位。

（4）第四个八拍

第1～4拍左脚向左侧方上步，右脚向左脚靠近并在斜后踏步，过程中双手从左向右做晃手，停于腰部前方，然后左手下推，右手握空拳，肘部弯曲上拉。第5～8拍右脚向右侧方上步，左脚向右方掖腿成大掖步，过程中左臂从下向上成托掌位，右臂山膀位。

三、把杆基础

在体育舞蹈的基础内容练习中，把杆训练是非常重要的一项。这项训练的重要性在于通过它可以培养学生良好的身体姿态和舞蹈感觉，特别是有助于他们下肢和躯干柔韧性及协调性的增强。

（一）基本扶把方法教学指导

在把杆训练中，把杆的高度应与学生的腰部高度相当。基本扶把的方式主要有双手和单手两种，下面进行详细指导。

1. 双手扶把

在做双手扶把动作时，身体要与把杆间隔约30 cm的距离，身体面对把杆站稳，双手轻轻扶把，双手距离与肩同宽，肘部和肩部均保持放松状态。

2. 单手扶把

在做单手扶把动作时，身体与把杆的间隔距离约5 cm。扶杆手放在身体前方不远处的杆上，肩部与肘部放松，另一手自然向体侧打开。

（二）基本动作教学指导

把杆练习中的基础动作包括擦地、蹲、小踢腿、划圈、单腿蹲、小弹腿、控腿等。这里具体对这几个基础动作进行指导。

1. 擦地

擦地是把杆训练中较为基础的动作。练习时，脚取一位或五位，以向前、向侧和向后等方向做蹦脚练习，如此对构建出良好的腿部动作有很大的帮助。

（1）动作方法

擦地动作依据方向的不同有三种方法。通常脚选择一位或五位站立，手扶杆，上身挺直、夹臀、收腹，整个身体保持适度的紧张。

①向前擦地。动力腿保持正直，重心在主力腿。动力腿的脚尖绷紧，做向前擦地动作，脚跟在此时要以最大力量向前顶，使得脚跟、脚心、脚掌依次离地，最终使脚在地面上方的空中呈绷紧状态，脚尖落在主力腿前后投影面上，然后按原动作的相反顺序复原。

②向侧擦地。重心在主力腿，动力腿保持正直，然后向侧方擦出，过程中脚背要绷紧，到高点后脚尖点地，脚跟向前顶，充分拉长腿部肌肉。然后按原动作的相反顺序复原。

③向后擦地。重心在主力腿，动力腿保持正直，然后向后方擦出，过程中先出脚尖，动力腿充分延展到后下方，脚面朝外，脚尖落在主力腿前后投影面上。然后按原动作的相反顺序复原。

（2）教学要求

①擦地动作要确保先出脚跟，以确保擦地动作的完全，在做还原动作时应确保脚尖先动。

②擦地练习本着由易到难的原则，可先以双手扶把向侧擦地作为初始练习的方法，熟练后再以单手扶把进行多方向的擦地练习。

③初学者练习时可先使用“八”字位站立。

2. 蹲

蹲是双腿弯屈后形成的姿态。蹲的动作对促进腿部肌肉发展非常有益，此外，蹲姿还有助于促进跟腱弹性、韧性发展以及帮助学生提高对膝关节的控制能力。

（1）动作方法

蹲姿根据蹲的程度可分为半蹲和全蹲。

①半蹲。脚位为一位，上体保持正直。两腿屈膝下蹲，动作缓慢，到最低限度时停止。过程中始终要保持全脚掌着地。此后，两膝逐渐伸直还原。

②全蹲。脚跟缓慢离地，且在半蹲的基础上进一步下蹲至最低限度，后背挺直，双腿外开。在最低限度时也要确保臀部不碰触脚跟。此后，两膝逐渐伸直还原。

（2）教学要求

①先体会半蹲姿势，熟悉后再练习全蹲。在半蹲练习中，前五个脚位的半蹲方法一致。三、四、五脚位的全蹲方法一致，脚位为二位时的全蹲姿态注意不要让脚跟抬起。

②下蹲时要确保髋、膝、脚尖这几个部位的开度一致。

③在下蹲和起立的过程中各主要部位始终要保持对抗性。

3. 小踢腿

小踢腿动作是以擦地后踢腿为动作基础的，但力度和速度相比于擦地要更大一些。小踢腿练习主要锻炼的是腿和脚在快速动作中的控制能力。

（1）动作方法

小踢腿动作有向前、向侧和向后三个方向。

①向前小踢腿。选择一或五的脚位站立，动力腿先擦出后踢起，此动作要非常连贯没有空隙，踢腿的高度约与地面呈 25°角，然后落地还原。

②向侧小踢腿、向后小踢腿。向侧和向后的小踢腿动作与向前小踢腿动作一致，只有方向不同。

（2）教学要求

①初学者对动作的掌握如果略显生疏，则可先将擦地和踢腿两个动作分别练习，待熟练后再结合练习。小踢腿动作的速度和力度都相对较

大，为了让身体在动作过程中保持稳定，需要特别对主力腿的稳定性予以关注。

②为确保动作为小踢腿，就要严格将踢腿的高度限定在不高于25°，这就对小腿肌肉的控制力提出了较高要求。

4. 划圈

划圈是腿部绕环的动作，这项练习对髋关节的灵活性及对腿的控制力提升有较大的帮助。

(1) 动作方法

划圈的方向非常灵活，可由前向后，也可由后向前。

①地面划圈。主力腿支撑身体重心，动力腿向前擦出，再以前→侧→后的顺序划动，然后回到原位。主力腿支撑身体重心，动力腿向后擦出，再以后→侧→前的顺序划动，然后回到原位。

②空中划圈。主力腿支撑身体重心，动力腿向前做小踢腿后成小鹤立式，腿部保持伸直状态，由脚背带动以胯为轴以前→侧→后的顺序划动，然后回到原位。主力腿支撑身体重心，动力腿向后做小踢腿，腿部保持伸直状态，由脚跟带动以胯为轴以后→侧→前的顺序划动，然后回到原位。

(2) 教学要求

①划动动作仅限于动力腿，其余部位不应随动力腿的划动而转动。

②划动时动力腿应保持外开状态，划动要到位。明确好从前向后划动和由后向前划动的带动部位。当腿处于空中时，脚背应发挥最主动的带动作用。

5. 单腿蹲

单腿蹲与双腿蹲的主要动作和目的类似，也是通过膝关节的屈伸动作来实现的，单腿蹲动作更能提升腿部肌肉的力量以及身体对两腿的动作协调能力。

(1) 动作方法

主力腿支撑身体重心，然后膝关节弯曲，缓慢下蹲，下蹲过程中逐渐回收动力腿的小腿，该腿脚尖贴近主力腿小腿。然后主力腿缓慢伸直还原，动力腿向前伸出，角度约与地面呈 45°。

该项练习也可以通过改变动力腿的打开方向变换为向侧、向后等方向的单腿蹲。需要说明的是，在做向后单腿蹲练习时应注意将回收的脚尖贴近主力腿的小腿后方。

（2）教学要求

①主力腿与动力腿的屈伸几乎是同时进行的，这对双腿的协调是一个考验，过程中要确保两腿的动作连贯和顺畅。

②动力腿在结束下蹲动作之后收回，此时两腿都要有一个伸直的过程，这个过程是必要的，不能省去。然后再开始做动力腿的伸出动作。

③初学时可采用双手扶把，这有利于动作的分解教学，待熟练后再使用单手扶把的方法教学。

6. 小弹腿

小弹腿是通过膝关节的快速屈伸来实现小腿弹动的动作，这一动作有助于腿部肌肉快速运动与控制能力的提升。

（1）动作方法

取五位站立，主力腿支撑身体重心，动力腿稍抬，大腿保持在一定角度后固定，小腿在膝关节的屈伸下快速弹动，小腿弹出的角度约 25°。

当向前小弹腿动作掌握娴熟后，还可将出腿的方向改变为侧向或后向，在向后小弹腿动作中应做到小腿收回时碰触到主力腿小腿的后部。

（2）教学要求

①小弹腿动作要做得快速，并且踢出后的角度相对准确。

②小弹腿动作过程中除了动力腿外，其他身体部位不应出现晃动。

7. 控腿

控腿是控制腿维持在某个高度上的动作，这一动作对腿部、腹部、背部的肌肉力量和控制能力有较大的提升作用。

（1）动作方法

主力腿支撑身体重心，动力腿向前做擦地后抬起，抬起角度不低于

90°，维持这个高度一段时间后缓慢放下还原。

当做向前控腿动作娴熟后，还可向侧方、后方做控腿练习。

（2）教学要求

①做控腿动作过程中身体和脖颈始终保持挺直状态，主力腿也要保持伸直。

②初学者在练习时可先将动力腿控制在90°的高度，适应后再逐步上抬。

四、舞步基础

（一）柔软步

1. 舞步动作指导

原地站稳，右腿支撑身体重心，左腿向前下方伸出，脚面绷直，脚尖着地。缓慢将重心过渡到左腿，如此两腿交替练习。

2. 练习注意点

（1）动作过程中要做到抬头、挺胸、收腹、立腰。

（2）初学者练习可先采用双手叉腰的方式，待娴熟后可配合其他手臂动作练习。

3. 组合练习指导

准备姿态：身体保持正直，站立。

（1）第一个八拍

第1～4拍面向8点，左脚向前做一拍一步的柔软步，左臂在脚步移动时做由前向后的绕环。第5～8拍面向2点，再向前出柔软步，右臂在脚步移动时做由前向后的绕环。

（2）第二个八拍

第1～4拍面向8点，再向前出柔软步，两臂在脚步移动时做由前向后的绕环。第5～8拍面向2点，再向前出柔软步，两臂在脚步移动时做侧方波浪。

(3) 第三个八拍

第1～4拍面向8点，再向前出柔软步，右臂在脚步移动时做侧方波浪摆动。第5～8拍面向2点，再向前出柔软步，左臂在脚步移动时做侧方波浪摆动。

(4) 第四个八拍

第1～4拍面向1点，再向前出柔软步，两臂在脚步移动时同时做由内向外的绕环。第5～8拍面向1点，再向前出柔软步，两臂在脚步移动时同时做由内向外的绕环。

(二) 足尖步

1. 舞步动作指导

两脚正步站立后提踵，双手叉腰。动作开始后，左腿抬起向前下方伸出，过程中脚面和膝关节绷直，左脚以脚尖先着地，然后逐渐依次着地至最终全掌着地。此时身体重心向前移动，然后左右脚交替以这种方式行进。

2. 练习注意点

(1) 动作过程中要做到立踵充分、挺胸、收腹、立腰。

(2) 每迈出一步要尽量保证步幅均匀。

(3) 初学者在做练习时双手叉腰，待熟练后再配合其他手臂动作练习。

3. 组合练习指导

预备姿态：两脚正步站立，提踵，双手叉腰。

(1) 第一个八拍

第1～4拍左脚向前四拍足尖步，过程中保持抬头、挺胸，左肩在前，右肩在后。第5～8拍再做四拍向前足尖步，右肩在前，左肩在后。

(2) 第二个八拍

第1～4拍再做四拍向前足尖步，左臂向左斜上方举起，右臂向右斜下方举起。第5～8拍再做四拍向前足尖步，右臂向右斜上方举起，左臂向左斜下方举起。

（3）第三个八拍

第 1～4 拍再做四拍向前足尖步，左手手位为三位，右手手位为七位。第 5～8 拍向左转体 360°，过程中双手手位转换为三位。

（4）第四个八拍

第 1～4 拍再做四拍向前足尖步，右手手位为三位，左手手位为七位。第 5～8 拍向右转体 360°，过程中双手手位转换为三位。

（三）弹簧步

弹簧步是一种展现富有灵动弹性的舞步，其可以朝多个方向以及结合多种腿部状态进行，通常为一步两拍的节奏。

1．舞步动作指导

（1）向前弹簧步

第 1 拍左脚前出步，从脚尖到脚掌依次着地，着地过程中膝部稍屈，重心落于左脚，右腿膝部也保持在稍屈的状态下。第 2 拍左腿伸直，脚踵提起，同时右脚脚面绷直稍有外旋，向前下方伸出。第 3～4 拍动作同第 1～2 拍，唯方向相反。

（2）向侧弹簧步

第 1 拍左脚向左迈步，从脚尖到脚掌依次着地，着地过程中膝部稍屈，重心落于左脚，右腿膝部也保持在稍屈的状态下，膝关节外展，右脚在左脚后方以前脚掌落地。第 2 拍转换重心到右腿，同时右腿伸直，脚踵提起，左腿此时向左侧下方伸出。第 3～4 拍动作同第 1～2 拍，唯方向相反。

（3）向后弹簧步

与向前弹簧步相同，唯方向相反。

2．练习注意点

脚不着地时的顺序要正确，且过程柔和。动作过程中上体应始终保持直立，注意控制步幅。初期练习两手先叉腰进行，待娴熟后再与其他手臂动作配合练习。

3. 组合练习指导

准备姿态：自然站立，两脚并拢。

第一个八拍左脚向前依次完成四次弹簧步；第二个八拍左脚向左依次完成四次弹簧步；第三个八拍右脚向右依次完成四次弹簧步；第四个八拍左脚向后依次完成四次弹簧步；第五个八拍左脚向左依次完成四次90°转体的弹簧步；第六个八拍右脚向右依次完成四次90°转体的弹簧步。

(四) 变换步

变换步作为一种基础舞步，具有柔和、舒展的特点。其变化形式多样，有朝不同方向的变换步以及多种形式的变换步。

1. 舞步动作指导

(1) 向前变换步

第1拍前半拍左脚向前柔软步，在后半拍中转换重心到左腿，右脚向左脚靠，两臂在一位。第2拍左脚向前柔软步，在后半拍中转换重心到左腿，右腿伸直，脚尖点地。第3～4拍动作同第1～2拍，唯方向相反。

(2) 向侧变换步

第1拍在前半拍中左腿向左出步，在后半拍中转换重心到左腿，同时右脚向左脚靠，两臂在一位。第2拍左腿再向左侧出步，同时转换重心到左腿，右腿伸直，脚尖右点地，左臂上举，右臂前举。第3～4拍动作同第1～2拍，唯方向相反。

(3) 向后变换步

第1拍在前半拍中右脚向后出步，在后半拍中转换重心到右腿，同时左脚靠向右脚，两臂成一位。第2拍右脚向后出步，同时转换重心到右腿，左腿伸直，脚尖前点地，左臂从侧向上举，右臂前举。

(4) 转体变换步

第1拍在前半拍中左脚向前出步，在后半拍中转换重心到左腿，右脚靠向左脚，两臂成一位。第2拍左脚向前出步，右腿前摆，同时身体左转 180°，过程中右腿向后摆并举起，两臂经前方成三位。

2. 练习注意点

(1) 注意控制步幅，上身始终保持直立、立腰、收腹，涉及重心转换的地方要保证顺畅和连贯。

(2) 初学者先以双手叉腰配合脚步练习，待熟练后再搭配其他手臂动作练习。

(3) 在做变换步的转体动作时，动力腿向前摆至 90°时，应由脚尖作为带动部位来带动身体内转。

3. 组合练习指导

准备姿态：自然站立，两脚并拢。

第一个八拍左脚向前依次完成四次变换步，两臂随步自然摆动。第二个八拍左脚向左依次完成四次变换步，然后再向右完成四次，两臂随步自然摆动。第三个八拍左脚向后依次完成四次变换步，两臂随步自然摆动。第四个八拍身体左转 90°，左脚向前依次完成三次变换步，手臂背后，第四拍在做变换步的同时结合转体，两手在三位。第五个八拍面向 3 点，动作与第四个八拍一致。

(五) 波尔卡

波尔卡是一种基础舞步，具有欢快、活泼的特点。波尔卡舞步的形式多样，也可以在不同方向上进行。

1. 舞步动作指导

(1) 向前波尔卡

在节拍开始前右腿先做一个小跳，同时转换重心到右脚，右腿屈膝，左腿在屈膝的同时向前下方伸出。

第 1～2 拍左脚向前完成一个并步跳，同时转换重心到左脚，两脚在一位，身体左倾并结合微转。第 3～4 拍动作同 1～2 拍，唯方向相反。

(2) 向侧波尔卡、向后波尔卡

动作基本同向前波尔卡，唯方向为向侧或向后。

（3）点地波尔卡

第1拍左脚完成一个小跳后右腿前点地，转换重心到左腿，微屈膝，身体右倾，眼睛看右前下方。第2拍左脚完成一个小跳后右腿后点地，转换重心到左腿，微屈膝，身体左倾，眼睛看右后方，第3～4拍动作与向前波尔卡相同。

2. 练习注意点

在做小跳动作时要确保动作灵动、轻巧，小跳后与并步跳的衔接要顺畅，重心的转移要自然，出一侧脚时同侧身体应随之有一定的倾斜并随之微转。

初学阶段双手叉腰注重体会脚步动作，待熟练后再加入其他手臂动作配合练习。

3. 组合练习指导

预备姿势：自然站立，两脚并拢。

（1）第一个八拍

第1～2拍左脚向前做波尔卡，上身随步稍左倾，两手为小七位。第3～4拍右脚向前做波尔卡，上身随步稍右倾，双手叉腰，第5～8拍动作同1～4拍。

（2）第二个八拍

第1～2拍左脚向左做波尔卡，上身随步稍左倾，双手叉腰。第3～4拍右脚向右做波尔卡，上身随步稍右倾，双手叉腰。第5～6拍做跑跳步，同时身体向左转360°。第7～8拍左脚向左做波尔卡，上身随步稍左倾，双手叉腰。

（3）第三个八拍

第1～2拍右脚向右做波尔卡，上身随步稍右倾，双手叉腰。第3～4拍左脚向左做一次波尔卡，上身随步稍左倾，双手叉腰。第5～6拍做跑跳步，同时身体向右转360°。第7～8拍右脚向右做波尔卡，上身随步稍右倾，双手叉腰。

(4) 第四个八拍

第 1～2 拍左脚向后做波尔卡，上身随步稍左倾，双手伸向左下方。第 3～4 拍右脚向后做波尔卡，上身随步稍右倾，双手叉腰，第 5～8 拍动作同 1～4 拍。

(5) 第五个八拍

第 1～4 拍左脚依次做前点地和后点地，然后衔接向前波尔卡，两臂在体侧自然随步摆动。第 5～8 拍右脚依次做前点地和后点地，然后衔接向前波尔卡，两臂在体侧自然随步摆动。

(6) 第六个八拍

第 1～2 拍左脚向左做波尔卡，上身随步稍左倾，双手叉腰。第 3～4 拍右脚向右做波尔卡，上身随步稍右倾，双手叉腰，第 5～6 拍动作同 1～2 拍。第 7～8 拍右脚、左脚、右脚依次跺地。在最后一次跺脚时双臂前伸，然后右臂向右斜上方举起。

参考文献

[1]胡海涛.体育舞蹈课程建设与综合技能培养研究[M].北京:中国书籍出版社,2022.

[2]王薇,陈燊.舞蹈基本功系统训练与指导[M].北京:中国书籍出版社,2022.

[3]钱宏颖.体育舞蹈与排舞:第2版[M].杭州:浙江大学出版社,2022.

[4]费思.体育舞蹈教学与训练的理论与实践研究——以摩登舞为例[M].长春:吉林人民出版社,2021.

[5]刘佳.高校体育舞蹈课程研究[M].长春:吉林出版集团股份有限公司,2019.

[6]尹宁宁,刘文静,祝文钢.体育舞蹈教学理论与实践探究[M].北京:现代出版社,2019.

[7]肖志艳.高校体育舞蹈课程理论与实践研究[M].青岛:中国海洋大学出版社,2018.

[8]刘森.高校体育舞蹈课程研究[M].长春:吉林大学出版社,2018.

[9]施倍华,章步霄,周兰.瑜伽与体育舞蹈[M].北京:中国书籍出版社,2018.

[10]熊浩然.体育舞蹈与全民健身[M].北京:科学技术文献出版社,2018.

[11]祝文钢,尹宁宁,尚悦.高校体育舞蹈创新与审美研究[M].北京:人民体育出版社,2017.

[12]何波.高校体育舞蹈课程研究与科学教学指导[M].北京:中国水利水电出版社,2017.

[13]刘聪,陈鑫朋.高校体育舞蹈教学模式的优化路径[J].拳击与格斗,2022(20):43－45.

[14]潘星光，吕灏. 高校体育舞蹈课程衍生价值的研究[J]. 尚舞，2022(17)：102－104.
[15]文兰颖，陆然. 高校体育舞蹈多元化教学方法的研究[J]. 体育画报，2022(6)：179－180.
[16]叶子. 高校体育舞蹈专项体能训练内容及方法探究[J]. 鄂州大学学报，2022(6)：91－93.
[17]张柯. 高校体育舞蹈教学中培养学生核心素养的思考[J]. 田径，2022(5)：39－40.
[18]邵国栋. 形体训练[M]. 西安：西安电子科技大学出版社，2022.
[19]范蒙蒙. 力与美形体训练与体育健身[M]. 北京：经济科学出版社，2022.
[20]王诗漪. 舞蹈艺术素养 舞蹈形体训练基础[M]. 杭州：浙江大学出版社，2022.
[21]潘安岚，蒋祖慧. 形体及礼仪训练：第 4 版[M]. 北京：旅游教育出版社，2022.
[22]谭新莉，杨琦. 形体训练[M]. 北京：航空工业出版社，2021.
[23]尹菲. 形体训练：第 2 版[M]. 北京：航空工业出版社，2021.
[24]向智星. 形体训练：第四版[M]. 北京：高等教育出版社，2021.
[25]冯兆军. 形体训练：第 5 版[M]. 北京：旅游教育出版社，2021.
[26]杜颖，董双玲. 舞蹈基础与训练[M]. 武汉：华中科技大学出版社，2021.
[27]王慧，王嘉嘉. 形象塑造与形体训练[M]. 成都：西南交通大学出版社，2020.
[28]石犇. 健美操与体育舞蹈的形体训练研究[M]. 长春：吉林出版集团股份有限公司，2020.
[29]金庆玲. 形体训练[M]. 北京：北京邮电大学出版社，2020.
[30]王爱娥. 形体训练[M]. 哈尔滨：东北林业大学出版社，2020.